Mosaik
bei GOLDMANN

Buch

Haben Sie genug von den patzigen Antworten Ihres Kindes? Die beiden Autorinnen Audrey Ricker und Carolyn Crowder zeigen, wie Eltern mit einem einfachen, aber sehr wirksamen Vier-Schritte-Programm das freche Verhalten ihrer Kinder ändern können. Zunächst müssen Eltern Frechheit als solche auch erkennen. Dann gilt es eine entsprechende Schlußfolgerung für das Kind zu ziehen und diese ohne Verzögerung konsequent umzusetzen. Der letzte Schritt besteht darin, sich auf keine Diskussion mit dem Kind einzulassen. Auf diese Weise lernt es, Grenzen zu akzeptieren und die Interessen anderer zu respektieren.

Autorinnen

Dr. Audrey Ricker ist selbst Mutter und Lehrerin.
Dr. Carolyn Crowder arbeitet in ihrer eigenen psychologischen Praxis als Familientherapeutin. Beide leben in Arizona, USA.

AUDREY RICKER
CAROLYN CROWDER

Schluß mit frechen Antworten!

Wie Sie Ihrem Kind Grenzen setzen und positiven Umgang miteinander lernen

Aus dem Amerikanischen von
Michael Göpfert

Mosaik
bei GOLDMANN

Umwelthinweis:
Alle bedruckten Materialien dieses Taschenbuches
sind chlorfrei und umweltschonend.

Der Goldmann Verlag ist ein Unternehmen
der Verlagsgruppe Bertelsmann GmbH
www.goldmann-verlag.de

Deutsche Erstausgabe Juni 1999

Originaltitel: Backtalk – Four Steps
to Ending Rude Behavior in Your Kids
Originalverlag: Fireside, Simon & Schuster Inc., N. Y.
Umschlaggestaltung: Design Team München
unter Verwendung folgender Fotos:
Umschlag: Tony Stone Bilderwelten, Roy Gumpel
Umschlaginnenseiten: The Image Bank, Gordon
Redaktion: Martina Klüver
Druck: Elsnerdruck, Berlin
Verlagsnummer: 16201
Kö · Herstellung: Max Widmaier
Made in Germany
ISBN 3-442-16201-7

3 5 7 9 10 8 6 4 2

Für Henrietta Terrazas-Dyer, eine vorbildliche Mutter, und für Ana, Alex und Carlos Terraza, ihre vorbildlichen Kinder

A.R.

Für Dr. Oscar Christensen, der so vielen den respektvollen Umgang mit Kindern gezeigt hat

C.C.

INHALT

VORBEMERKUNG

Als ich mein Psychologiestudium begann, beeindruckte mich die Verhaltenstheorie von Alfred Adler in besonderem Maße. Auch heute noch ist sie überraschend aktuell, obwohl sie bereits Anfang unseres Jahrhunderts entstanden ist.

Adler und später sein Schüler Rudolf Dreikurs gingen von folgender These aus:

Die Reaktion der Eltern auf das freche Benehmen ihres Kindes wird entweder das Kind ermutigen, erneut vorlaut zu sein, und damit zu einer Wiederholung des schlechten Betragens führen, oder das Kind von seinem dreisten Benehmen abbringen. Mit anderen Worten: Wie Eltern mit dem unverschämten Verhalten ihrer Kinder umgehen, ist entscheidend.

Adler war der Auffassung, daß Kinder sich schlecht benehmen, um mehr Beachtung in der Familie zu finden. Wenn ein Kind sich nicht zugehörig fühlt, so wird es ein negatives Verhalten wählen, um Aufmerksamkeit auf sich zu ziehen. Es ist patzig und gibt freche Antworten. Die Eltern können darauf meist nur mit Ermahnungen wie »Sprich nicht in diesem Ton mit mir!« oder »Paß auf, oder ich ...« reagieren. Das Kind hat aber schnell gelernt, daß Frechheit zu mehr Aufmerksamkeit und Macht führt und daß es zudem ein Mittel ist, die Eltern zu verletzen.

Diese Fähigkeit, zu dominieren und sich an den Eltern zu rächen, sorgt zwar beim Kind dafür, daß es sich stärker beachtet fühlt. Aber es handelt sich um eine negative Beachtung, weil die Eltern die Art und Weise, wie sie errungen wurde, nicht gutheißen können. Ein Kind sollte jedoch stets in positiver Weise Beachtung finden, und deshalb ist es so ungeheuer wichtig, richtig auf schlechtes Benehmen zu reagieren.

Dieses Buch zeigt, wie man mit frechen Antworten umgeht, wie Sie Ihrem Kind Grenzen setzen und den positiven Umgang miteinander erlernen können. Unser Vier-Schritte-Programm fußt dabei auf Adlers Theorie der logischen Konsequenzen. Eine logische Konsequenz ist das Resultat des schlechten Benehmens. Sie beinhaltet keine Bestrafung, ist nicht willkürlich und geht niemals einher mit Schreien, Drohungen, Schlägen, Sarkasmus oder endlosen Vorträgen. Wenn Eltern beharrlich auf logischen Konsequenzen bestehen, so lernen die Kinder, daß ihre Eltern auch meinen und dementsprechend tun, was sie sagen.

Als Anhängerin von Adler möchte ich noch einmal betonen, wie notwendig es ist, Kindern die Möglichkeit zu geben, positive Beachtung zu finden, insbesondere dadurch, daß sie Verantwortung innerhalb der Familie übernehmen. Einfache Tätigkeiten – beim Kochen helfen, eine Urlaubsreise mitplanen oder einspringen, wenn ein Elternteil oder ein Geschwister krank ist – erzeugen das Gefühl, wichtig zu sein, dazuzugehören und gebraucht zu werden. Begegnen Sie dem frechen Verhalten also auf konstruktive Weise, und überlegen Sie sich, wie Sie Ihre Kinder noch mehr in die Familie mit einbeziehen können.

CAROLYN CROWDER

EINLEITUNG

Wenn Sie dieses Buch zur Hand genommen haben, haben Sie sehr wahrscheinlich Probleme mit den unverschämten Antworten Ihrer Kinder. Man hat Ihnen vermutlich geraten, diesem Verhalten keine allzu große Beachtung zu schenken, Kinder würden sich heutzutage eben so ausdrücken.

Wir haben jedoch eine andere Einstellung: Sie sollten auf jeden Fall etwas gegen das vorlaute Auftreten tun – und zwar Ihren Kindern zuliebe. Mit diesem Buch als Orientierungshilfe werden Sie ein Antwortmodell kennenlernen, das Sie in die Lage versetzen wird, sofort und bei jeder Gelegenheit mit Frechheiten fertigzuwerden. Denn wenn Kinder sich jede Art von Unverschämtheiten herausnehmen dürfen, lernen sie niemals, andere zu respektieren.

Als Lehrerin mußte Audrey Ricker immer wieder feststellen, daß das dreiste und vorlaute Verhalten ihrer Schüler bisweilen völlig außer Kontrolle geriet – und dies nicht erst bei älteren Jahrgängen, sondern bereits in der Grundschule. Auch zu Hause, bei ihren eigenen Kindern, war es nicht anders. Als sie ihnen jedoch klarmachte, daß dieses Verhalten Konsequenzen haben würde, bemerkte sie, daß damit nicht nur das Problem von selbst verschwand, sondern daß die von ihr an den Tag gelegte Beharrlichkeit und Geradlinigkeit dem Kind nur zugute kam.

So etwa auch im Falle ihres Sohnes. Als moderne Mutter der frühen sechziger Jahre erlaubte Audrey Ricker ihrem Sohn, alles zu sagen, was er wollte und wann immer er wollte. Mit vier Jahren war er bereits vom besten Kindergarten der Stadt verwiesen worden, weil er der Lehrerin unverschämte Antworten gegeben hatte. Am erschreckendsten war jedoch, daß er seine Frechheiten inzwischen mit Tätlichkeiten unterstrich, wie etwa in der Sprechstunde eines Psychologen, in der er einen Stuhl durch den Raum warf. Der Doktor sagte der Mutter, daß sich ihr Sohn in einer Phase der Selbstverwirklichung befände, die bald vorübergehen werde. Der Kleine war jedoch so eindeutig außer sich, daß sie sich nicht sicher war, ob er jemals imstande sein würde, sich aus eigenen Kräften unter Kontrolle zu haben.

Obwohl der Psychologe die Mutter warnte, daß sie Gefahr laufe, ihrem Kind seelischen Schaden zuzufügen, erlaubte sie ihrem neuen Ehemann, ihn zur Ordnung zu rufen, wenn er unverschämt wurde. Es dauerte nicht lange, und das Verhalten des Kindes besserte sich. Es wurde nicht nur angenehm, den Jungen zu Hause um sich zu haben, er wurde auch in einen neuen Kindergarten aufgenommen und fand schnell viele neue Freunde. Seinem frechen Verhalten Einhalt zu gebieten war wichtig. Es war ein Wendepunkt in seinem Leben. Allein wäre es ihm sicherlich nicht gelungen, aus dieser Sackgasse herauszufinden, und er hätte andernfalls wohl schwerwiegende Probleme mit seinen Lehrern, seiner Familie und seinen Freunden gehabt.

Carolyn Crowder, von Beruf Psychologin und Elternberaterin, war es schon lange ein Anliegen, ein theoretisches und verhaltensorientiertes Modell zur Auseinandersetzung mit diesem Problem zu entwickeln. Denn in ihren Therapiegesprächen mit Eltern mußte sie häufig feststellen, daß die meisten hilflos sind und nicht mit der Frechheit ihrer Kinder zurechtkommen.

Dieses Buch soll deshalb aufzeigen, wie man richtig mit unverschämten Antworten und frechem Benehmen von Kindern umgeht. Es ist an Eltern, Lehrer und an all jene Erwachsenen gerichtet, die beruflich oder auch privat mit Kindern zu tun haben. Wir haben hierzu ein Vier-Schritte-Programm entwickelt, das jeder mühelos in der Praxis anwenden kann.

Hier ein Beispiel, wie unverschämte Antworten die Eltern völlig unerwartet treffen können:

Fallbeispiel Nr. 1: Die Familie Jones saß im Wohnzimmer vor dem Fernseher. Die Mutter, Mary Jones, bereitete in der Küche Hamburger für das Abendessen zu. Mary und John Jones sind beide Ärzte, die elfjährigen Zwillingsjungen spielen gern Fußball, der sechzehnjährige Joe ist ein Musterschüler und ein begnadeter Leichtathlet. Die Familie versteht sich prächtig und wird dafür von allen beneidet.

An diesem Abend kam also Frau Jones ins Wohnzimmer und fragte, wie ihre Männer ihre Hamburger gern hätten, medium oder durchgebraten.

»Medium«, sagte einer der Zwillinge.

»Ich auch«, sagte der andere.

»Gut medium«, sagte John.

»Joe?« fragte Mary. »Was ist mit dir?«

Stille. Joe drehte noch nicht einmal den Kopf, um sie anzusehen.

»Joe, wie willst du deinen Hamburger?« fragte Mary noch einmal fröhlich nach.

»Mensch, *ich schaue gerade diese Sendung*«, sagte Joe mit genervter Stimme. »Hast du Tomaten auf den Augen?!« Damit drehte er sich wieder zum Bildschirm um und ignorierte seine Mutter vollständig.

Die Antwort, die Joe seiner Mutter gab, hatte die folgenden Merkmale: plötzliche Unhöflichkeit, frecher Tonfall, gedehnte Silben, Feindseligkeit und aggressives Kontrollieren der Unterhaltung. Mit anderen Worten: Joe begann die freche Attacke ohne irgendeine Provokation, er gab den Ton an, und er beendete den Wortwechsel, wann er wollte. Mary wußte überhaupt nicht, wie ihr geschah!

Eltern glauben normalerweise, daß sie in solch einer Situation auf zwei verschiedene Arten reagieren können – entweder das Verhalten zu ignorieren oder dagegen zu halten und die Sache eskalieren zu lassen. Keine dieser Alternativen hilft jedoch in irgendeiner Weise bei der Lösung des Problems. Und so bleibt den

Eltern meist nichts anderes übrig, als sich zu fragen, was sie falsch gemacht haben. Auch an den Geschwistern geht ein Vorfall wie der eben beschriebene natürlich nicht einfach so vorbei: Die Zwillinge werden vom frechen Verhalten des älteren Bruders beeinflußt und es vermutlich nachahmen.

Es gibt allerdings noch einen anderen Weg. Mit dem Vier-Schritte-Programm können sich Eltern gegen verbale Angriffe von seiten ihres Sohnes oder ihrer Tochter wappnen. Es lohnt sich, auf freches Benehmen vorbereitet zu sein, bevor es geschieht, um nicht völlig hilflos dazustehen. Denn Eltern sollten in jedem Fall einschreiten, wenn ihr Kind unangemessen reagiert, weil es ihm nicht von Nutzen ist, wenn man seine Unverschämtheiten einfach ignoriert.

Freches Verhalten schadet einem jungen Menschen auch außerhalb der Familie und in seinem späteren Leben. Wenn der Betreffende niemals Widerspruch erfährt, wird er zweifelsohne auch seine Mitmenschen dann und wann schnippisch behandeln und so den Respekt von Freunden, Lehrern und später auch von Vorgesetzten verlieren. In der Schule kann solch ein Kind leicht zum Problemschüler werden, der von Lehrern und Kindern gleichermaßen gemieden wird. Im Berufsleben können unangebrachte Bemerkungen und ungebührliches Verhalten dazu führen, daß man nicht befördert wird und keinen Erfolg hat.

Freche Antworten richten sich in erster Linie an die Eltern, doch von diesem Verhalten werden auch jüngere und weniger dominierende Geschwister beeinflußt. Sie ahmen das Verhalten unweigerlich nach, und plötzlich sind unverschämte Bemerkungen in der Familie gang und gäbe. Wenn nicht dagegen eingeschritten wird, entsteht rasch eine feindselige Atmosphäre, die das Zusammenleben erschwert.

Eltern sollten in der Lage sein, zwischen Frechheit und respektvollem Nicht-Einverstandensein zu unterscheiden. *Autoritäre* Familien sind vielleicht übereifrig darin, jegliche Form von Nicht-Einverstandensein der Kinder als Frechheit einzustufen. *Tolerante* Familien akzeptieren verbale Frechheiten als mögliche

Ausdrucksform ihres Kindes. *Positive Kommunikation* zollt dem Gegenüber stets einen gewissen Respekt, freches Auftreten niemals. Zur Frechheit gehören nicht nur respektlose Worte, sondern auch ein respektloser Ton und eine respektlose Körpersprache. Jede einzelne dieser Varianten sollte eine entsprechende Reaktion der Eltern nach sich ziehen.

Was dieses Buch bietet

Im ersten Teil dieses Buches (»Was, warum, wann und wie«) erfahren Sie, was freches Verhalten ist, warum es zu einer Epidemie ausgewachsen ist, wann es von manchen Pädagogen legitimiert wurde und wie es Familien, Schulen und die vorlauten Kinder selbst betrifft. Außerdem zeigen wir Ihnen, was Sie gegen freches Benehmen tun können, warum Sie etwas tun müssen, wann Sie es tun sollten und wie. Wir stellen Ihnen das Vier-Schritte-Programm zum Umgang mit frechen Antworten vor und geben Ihnen eine Reihe von Fallbeispielen an die Hand.

Im zweiten Teil befassen wir uns mit der praktischen Umsetzung dieses Modells und erläutern Ihnen, wie Sie es Schritt für Schritt erfolgreich in die Tat umsetzen können. Dabei gehen wir auf die spezifischen Probleme ein, die bei unterschiedlichen Altersgruppen auftreten – vom Kleinkind bis hin zum Studenten –, sowie auf besondere Konflikte, die bei alleinerziehenden und berufstätigen Eltern auftreten können. Außerdem zeigen wir Ihnen, wie Sie auf die Frechheiten der Freunde Ihrer Kinder reagieren und wie Sie mit all jenen Erwachsenen umgehen, die Ihre Einstellung zu unverschämten Antworten nicht gutheißen.

Wie Sie dieses Buch gebrauchen

Versuchen Sie, das ganze Buch durchzulesen. Überfliegen Sie es zumindest, wenn Sie nicht mehr Zeit haben.

Dann schreiben Sie die vier Schritte auf, damit Sie sich auch an sie erinnern:

- Frechheit erkennen
- Konsequenzen auswählen
- Konsequenzen durchsetzen
- Sich abwenden

Diese Worte sagen Ihnen in diesem Moment noch nicht viel, wenn Sie aber einmal das Vier-Schritte-Programm meistern, werden Sie diese Stichworte immer zur Hand haben wollen.

Wenden Sie diese vier Schritte sofort an, wenn Ihr Kind das nächste Mal frech ist. Vielleicht gelingt es Ihnen, das unverschämte Verhalten auf Anhieb zu stoppen; vielleicht verlieren Sie auch die Nerven und geben nach. Auf jeden Fall haben Sie bereits den schwierigsten Teil beim Gebrauch dieses Buches – sofortiges Handeln – in die Tat umgesetzt. Sie sind dabei, in Ihrem Hause eine neue *Verständigungsnorm* zu etablieren.

TEIL I

Was, Warum, Wann und Wie

OFFENE WORTE ZUM THEMA FRECHHEIT BEI KINDERN

Fallbeispiel Nr. 2: Die zwölfjährige Sandy kommt von der Schule nach Hause und findet ihre Mutter im Büro vor, im Gespräch mit einer Freundin.

Das Mädchen hält sich am Türknauf fest, lehnt sich in den Raum, ohne die Frauen zu grüßen, und platzt hinein: »Bin bei Franny.« Sie will sich gerade umdrehen, als Anne, die Freundin ihrer Mutter, sie begrüßt: »Hallo, Sandy.«

Das Mädchen beachtet Annes Gruß überhaupt nicht und sagt zu ihrer Mutter: »... und vielleicht bleibe ich zum Abendessen da.«

Die Mutter ist ein wenig verlegen über ihre Tochter und sagt: »Komm aber nicht so spät zurück.«

Sandy murmelt: »Aber *klar doch.*« Dann verläßt sie türenschlagend das Büro.

Ihre Mutter will die Szene mit einem Wort zusammenfassen, das, so hofft sie wohl, sie selbst und auch Sandy in einem besseren Licht erscheinen läßt: »Pubertät!«

Doch damit macht sie es sich zu leicht. Die Tochter ist arrogant und ungezogen und die Mutter unsicher, wie sie reagieren soll. Sie ist verletzt, ohne sich dies anmerken zu lassen, will jedoch eine »gute, moderne Mutter« sein, die ihrem Kind ermöglicht, sich frei auszudrücken. Ihre Freundin fühlt sich töricht. Sie möchte etwas sagen, um die Autorität des Mädchens in Frage zu stellen und die Mutter zu verteidigen, aber sie traut sich nicht, sich einzumischen. Beide Frauen schämen sich ein wenig und wissen für einen Moment nicht, was sie tun sollen, weil sie es zugelassen haben, daß Sandys Frechheit sie machtlos hat werden lassen.

Dieser Fall zeigt, daß Tonfall, Körpersprache und auch Schweigen genauso zur Frechheit gehören wie Worte, die sich in diesem Fall auf wenige kurze Sätze beschränkten. Die Ankündigung des Mädchens war schnippisch; sie war nicht gerechtfertigt (niemand hatte Sandy aggressiv angesprochen), sie war feindselig und unfreundlich (sie grüßte weder ihre Mutter noch deren Freundin), und sie war nicht kooperativ. Sandy wollte mit ihrem Verhalten die Unterhaltung unter Kontrolle bringen; sie wollte ein Gespräch darüber, was sie zu tun gedachte, gar nicht erst anfangen.

Diese Art von plötzlicher Unverschämtheit verfolgt das Ziel, die psychologische Stimmung zu kontrollieren. Alle Familienmitglieder und alle anderen Beteiligten sind plötzlich vorsichtig mit ihren Äußerungen, damit Sandy sich nur ja nicht wieder aufregt.

Es geht auch ohne freche Antworten

Sadie und Bessie Delaney berichten in ihrem Bestseller *Having Our Say*, wie es im Idealfall in einer Familie zugehen kann. Alle zehn Delaney-Kinder durften ehrlich ihre Meinung sagen, solange dies respektvoll geschah. Daraus entstand eine fröhliche, produktive und anregende Atmosphäre im Haus der Delaneys. Keines der Familienmitglieder, einschließlich der Eltern, hatte das Recht, irgendein anderes Familienmitglied verbal einzuschüchtern.

Respektvolles Benehmen soll anhand einer erdachten **Neuversion von Fallbeispiel Nr. 2** veranschaulicht werden:

Ein zwölfjähriges Mädchen mit dem Namen Sandy kommt von der Schule nach Hause und findet ihre Mutter im Büro im Gespräch mit einer Freundin vor. Das Mädchen hält sich am Türknauf fest, lehnt sich in den Raum und grüßt die beiden Frauen.

Sandy: Hallo, Mama. Hallo, Anne.
Mutter: Hallo, Sandy, wie war's in der Schule?

Sandy: Alles in Ordnung. Ich geh jetzt zu Franny, okay?
Mutter: Okay, kein Problem.
Anne: Was macht denn Mathe? Immer noch Probleme?
Daraufhin unterhalten sich alle drei für eine Weile über Sandys neuen Mathelehrer.
Sandy: Also, ich geh jetzt. Ich hab Franny gesagt, ich würde sie entweder anrufen oder um halb fünf kommen. Vielleicht bleibe ich auch zum Abendessen da, wenn das geht.
Mutter: Tut mir leid, Schatz, aber die Oma kommt heute um acht am Flughafen an, und ich fände es schön, wenn du mitkommst.
Sandy (Seufzer): Okay, kannst du mich denn bei Franny abholen?
Mutter: Natürlich. Sei so gegen halb sieben startklar.
Sandy: Wenn sie früh essen …
Mutter: Gut, bleib ruhig zum Essen da. Aber treib sie nicht zur Eile an.
Sandy: Nein, normalerweise essen sie so gegen halb sechs.
Mutter: Wenn nicht, dann holen wir uns eben einen Hamburger unterwegs. (Zu ihrer Freundin) Sandy steht auf Hamburger.
Anne (verdreht die Augen und lächelt): So war das bei mir auch in dem Alter!
Sandy: Also, ich geh jetzt. Tschüs, Mama. Tschüs, Anne.

Wenn Ihnen diese Szene zu idyllisch und unrealistisch vorkommt, so können Sie uns glauben, daß dem nicht so ist. Sie zeigt die Art und Weise, wie Familienmitglieder respektvoll miteinander umgehen und füreinander Situationen aushandeln können, aus denen alle Beteiligten ihre Vorteile ziehen.

Warum hat sich Sandy im ersten Beispiel so ungezogen verhalten? Sehr wahrscheinlich war ihre Absicht, sowohl der Freundin der Mutter zu zeigen, wer das Sagen im Haus hat, als auch der Mutter zu vermitteln, daß sie so oder so tun würde, was ihr in den Sinn kam.

Wir sind der Auffassung, daß man dem Kind keinen Gefallen

damit tut, ein solches Benehmen durchgehen zu lassen. Denn so wird das Kind davon abgehalten, einen angenehmen gesellschaftlichen Umgang zu erlernen, der sich letztendlich bezahlt macht, weil er dem Betreffenden hilft, leichter im Leben zurechtzukommen.

Gründe für freches Verhalten

Jedes Kind wird einmal *ausprobieren*, frech zu sein. Der Grund dafür ist ganz natürlich: Das Kind sucht nach Wegen, Bedeutsamkeit zu erlangen. Es versucht, durch sein Verhalten Aufmerksamkeit zu heischen und sich in den Mittelpunkt zu stellen.

Eine weitere Ursache für unverschämte Reaktionen der Kinder ist bei den Eltern selbst zu suchen. Sie legen manchmal dem Ehepartner oder anderen Familienmitgliedern bzw. Freunden gegenüber ein aggressives Verhalten an den Tag, das das Kind nachahmt. Oder sie versuchen wiederum mit sarkastischen Bemerkungen, ihre Kinder in den Griff zu bekommen, was ebenso fruchtlos ist.

Auch die moderne Mediengesellschaft – Fernsehen, Kino, Videospiele und Popmusik – trägt ihren Teil dazu bei. Freches Auftreten von Schauspielern etwa wird mit Beifall und Berühmtheit quittiert, und in den Fernsehserien werden patzige Kinder fast nie von ihren modernen Eltern bestraft.

Ein vierter Grund für das Umsichgreifen von Unverschämtheiten ist der Einfluß von fortschrittlichen Erziehungsexperten und Theoretikern. Diese Bewegung ging in den Vereinigten Staaten von dem berühmten Dr. Spock gegen Ende der fünfziger Jahre aus und nahm in den sechziger Jahren im Zuge der progressiven Erziehung in den Schulen an Bedeutung zu. Gegen Anfang der siebziger Jahre war es schlechthin unmöglich, daß ein Kind in der Schule etwas falsch machte. Alles von schlechtem Benehmen bis hin zu schlechten Noten lag an der mangelnden Qualität des Unterrichts oder an der Unfähigkeit der Lehrer, eine Beziehung zu ihren Schülern aufzubauen.

Diese Erziehungsbewegung hat auch zum fünften Grund für die Ausbreitung frechen Verhaltens beigetragen – die Macht der Gleichaltrigen. Bestärkt und ermutigt durch ihre Freiheit, zu tun und zu lassen, was ihnen beliebte, begannen Kinder schon vor Jahren, Freunde statt Erwachsene als Rollenvorbilder nachzuahmen.

Diese Entwicklungen sind sicher nicht *durchweg* schlecht. Kindererziehung war davor im allgemeinen wesentlich langweiliger und unterdrückender. Viele sogenannte Pädagogen vertraten zu jener Zeit die Anwendung harter, zum Teil sadistischer Maßnahmen – sie schlugen etwa vor, zur Strafe die Brust durch die Flasche zu ersetzen oder schreiende Kinder schlicht zu ignorieren. Inzwischen allerdings segnen verschiedene progressive Erziehungsrichtungen unverschämte Verhaltensweisen in nie dagewesener Weise ab, ja sie ermutigen sogar dazu.

Wird das Verbot von Unverschämtheiten oder das »Stopfen eines frechen Maules« einem Kind schaden? Zumindest eine sehr erfolgreiche Frau verneint dies. Die in den USA berühmte Talkmasterin Oprah Winfrey erzählt, daß sie als vierzehnjährige Rebellin zu ihrem leiblichen Vater zog. Ihr wurde verboten, ihn mit »Alter« anzureden. Diese und andere Hausregeln schadeten ihr absolut nicht, erklärt sie heute. Sie sagt: »Ich glaube, mein Vater hat dafür gesorgt, daß ich heute so weit gekommen bin.«

DAS VIER-SCHRITTE-PROGRAMM

Und so sollten Sie auf Unverschämtheiten reagieren:

- **Schritt 1:** Frechheiten *erkennen*. Frech ist grundsätzlich alles, was Sie verletzt, Sie verlegen macht, Sie ärgert oder bei Ihnen ein Gefühl von Hilflosigkeit hervorruft.
- **Schritt 2:** Die richtigen Konsequenzen auf freches Verhalten *auswählen*. Das sollten Sie tun, bevor Sie handeln. Bei Sandy, dem zwölfjährigen Mädchen aus Fallbeispiel Nr. 2, wäre es eine passende Konsequenz gewesen, wenn sie nicht zu ihrer Freundin hätte gehen dürfen. Jede Art von Frechheit oder unverschämtem Benehmen bedeutet automatisch, daß das Kind nicht die Erlaubnis bekommt, zu tun, was es will oder was es vorhatte – wie zum Beispiel zum Fußballtraining oder zum Tanzunterricht zu gehen.
- **Schritt 3:** *Konsequenzen durchsetzen*. Die Mutter muß Sandy sagen, daß sie nicht zu ihrer Freundin gehen kann. Mit ruhiger Stimme sollte sie feststellen, daß das Verhalten des Mädchens eine Frechheit darstellt und daß so die Zeit, die Energie und der gute Wille der Mutter überbeansprucht werden. Sie sollte hinzufügen, daß sie so etwas nicht akzeptieren kann und daß Sandy an diesem Tag nicht zu Franny gehen wird. Wenn Sandy darauf negativ reagiert, was zu erwarten ist, sollte die Mutter mit Schritt 4 weitermachen.
- **Schritt 4:** Sich von der Auseinandersetzung mit dem patzigen Kind *abwenden*. Die Mutter sollte zunächst das schlechte Benehmen ignorieren und das Gespräch mit ihrer Freundin fortsetzen. Wenn das Kind weitermacht, sollte die Mutter sich in aller Ruhe bei ihrem Besuch entschuldigen, das laut protestierende Kind in sein Zimmer führen und es

dort allein lassen. So wird Sandy daran gehindert, ihre Mutter weiter zu einer Meinungsänderung bewegen zu wollen.

Vielleicht hört es sich einfach an, diese vier Schritte durchzuführen, und manchen Eltern mag es auch leichtfallen. Aber für viele werden sie eine Herausforderung sein und Entschiedenheit, Erfahrung und Selbstkontrolle erfordern. Erschwerend kommt hinzu, daß viele Eltern heutzutage gute Freunde ihrer Kinder sein möchten statt Lehrer, Vorbild und Ratgeber. Nur ungern wollen sie verstehen, daß ihre Kinder sich manchmal nicht wie gute Freunde aufführen, sondern – typisch für junge Leute – nicht akzeptable Verhaltensformen ausprobieren.

Sie können und sollten die vier Schritte sofort anwenden, wenn Ihr Kind anfängt, frech zu werden. Das schaffen Sie um so leichter, wenn Sie die Erklärungen und Methoden gut verstanden haben. Auf den folgenden Seiten geben wir daher ausführliche Erklärungen zu jedem der vier Schritte.

Schritt 1: Frechheit erkennen

Frechheit zu erkennen ist nicht immer ganz einfach. Sie müssen vielmehr Frechheit als eine Kommunikationsform einschätzen und bewerten, die Ihnen nicht gefällt. Diese Kommunikation kann ohne Worte geschehen (die Augen verdrehen und stöhnen), sie kann aus wenigen Worten bestehen (wie im Fall von Sandys »Aber klar doch« oder das besonders populäre »Wenn du unbedingt meinst ...«).

Der schwierigste Teil bei Schritt 1 ist, Ihre eigene Bewertung der Kommunikation des Kindes zu akzeptieren. Sie können außer sich sein vor Wut über eine Unverschämtheit, sogar verletzt bis zur Sprachlosigkeit, und sich dann unglaublich dumm fühlen, weil Sie Schuldgefühle bekommen, wenn Ihr Kind nun sagt, daß es mit der Unverschämtheit doch gar nicht so gemeint war. »Ich wollte dir doch gar nicht weh tun«, wird dann vielleicht mit unschuldiger Miene gesagt. »Du übertreibst wirklich, Mama.« Da sie sich zu diesem Zeitpunkt häufig bereits schuldig fühlen, nehmen viele Eltern ihre Kinder nun erst einmal in die Arme und entschuldigen sich dafür, so heftig reagiert zu haben. Dann versprechen sie, daß so etwas nie wieder vorkommen wird.

Fallbeispiel Nr. 3: Als Amanda ein Kind war, war ihre Mutter fast nie zu Hause, da sie mit zwei Jobs die Familie durchbringen mußte, während der Vater arbeitslos war. Dementsprechend war Amanda später, als sie selber Kinder hatte, sehr darauf bedacht, viel Zeit mit ihren eigenen Töchtern zu verbringen.

Irgendwann begannen ihre Töchter, sie zu korrigieren. Amanda war zuerst gerührt. »Sie meinen, ich soll nicht mit offenem Mund kauen«, sagte sie. »Ist das denn nicht reizend? Und wenn ich etwas sage, was ihrer Meinung nach ›einfach dumm‹ ist, dann sagen sie mir dies sofort.« Dann ließ Amanda sich scheiden. In der Folgezeit nahm das, was Amanda zunächst als Sorge erschien, immer schärfere Formen an und eskalierte so weit, daß jedes Wort aus dem Mund der Töchter eine schmerzhafte Beleidigung wurde. Egal wie sie sich verhielt, sie konnte es den Mädchen in keiner Weise recht machen. Die Herrschaft ihrer Töchter über Amanda nahm in einem solchen Maße zu, daß schließlich ihre Freunde einschritten und ihr klar und deutlich mitteilten, wie unangenehm es sei, sie zu besuchen, wenn ihre Töchter zu Hause waren. Erst dann erkannte Amanda, daß die von ihr für wohlmeinende Ratschläge gehaltene Kritik der Töchter in Wahrheit nichts anderes als Frechheiten waren, die ihr sehr weh taten.

Sie entschloß sich daraufhin, sich nicht mit ihnen auseinanderzusetzen, sondern sie dazu zu überreden, zu anderen Verwandten zu ziehen. Für Amanda war dies eine befriedigende Lösung. Sie fand einen neuen Freund und fing an, wieder Spaß am Leben zu haben. Heute, nach etwa zehn Jahren, haben Amandas Töchter Probleme, die sie nicht in den Griff bekommen: Sie sind zu keiner festen Beziehung in der Lage, schaffen keinen Universitätsabschluß und bleiben an keiner Arbeitsstelle.

Dieses Beispiel zeigt, wie Eltern Frechheiten als wohlmeinende Ratschläge ansehen können, weil sie nicht wahrhaben wollen, was wirklich vor sich geht.

Typische Beispiele für freche Antworten, die zunächst häufig nicht als negatives Verhalten erkannt werden:

- Bis zum Alter von drei Jahren (Frechheit fängt sehr früh an!): »Böse Mama«, »Ich mag dich nicht« und »Nein!«
- Von vier bis sechs: »Ich hasse dich!«, »Sei ruhig!«, »Das gehört mir, weg da!«
- Von sechs bis acht: »Du bist blöd!« oder »Mach ich nicht!«
- Von acht bis elf: »Laß mich in Ruhe!« und »So ein Mist!« Dazu werden die Augen verdreht, es wird gestöhnt und geseufzt. »Die anderen dürfen das auch!«
- Von zwölf bis vierzehn: »Du hast absolut keine Ahnung von Musik« (oder von Videospielen oder Kleidung oder irgendwelchen anderen Dingen, die für die Kinder gerade wichtig sind). »Du mußt mich in die Stadt fahren« (oder irgend etwas anderes, nach dem Ihrem Kind der Sinn steht). »Das nennst du eßbar?«
- Von fünfzehn bis siebzehn: »Du solltest mal zum Arzt gehen.« Und auch: »Nerv mich nicht!«
- Siebzehn und älter: »Ich bin gestreßt (müde, genervt, überarbeitet etc.), o.k.?«

Die Altersangaben sollten flexibel gesehen werden. Je frühreifer das Kind, um so wahrscheinlicher ist es, daß Frechheiten benutzt werden, die sonst nur Ältere an den Tag legen. Je weniger sprachbegabt ein Kind veranlagt ist, desto mehr verharrt es auf der Stufe von Sätzen wie »Du bist blöd!« oder »Du kannst mich zu nichts zwingen«.

Sicherlich ist es umstritten, ob man schon bei Zweijährigen einschreiten sollte. Viele Fachleute behaupten, daß Zweijährige Frechheiten als Teil ihres Reifungsprozesses geradezu einüben müssen. Wir glauben allerdings, daß auch Kinder in diesem Alter lernfähig sind und erfahren sollten, welche Wörter sie zum Beispiel gebrauchen können und welche nicht. Wir werden später noch einmal auf altersspezifische Reaktionen zu sprechen kommen.

Der Inhalt frecher Botschaften ist nicht entscheidend – wichtig sind Tonfall und die Einstellung. Wie in Gift getauchte Pfeile sollen diese Botschaften ihr Opfer sofort lähmen. Und in der Tat fühlt sich der Empfänger doch zugleich beleidigt, verärgert und von Schuldgefühlen gelähmt. Eltern wissen oft nicht, was sie tun sollen, und tun daraufhin gar nichts – oder gebrauchen die gleichen Taktiken wie ihr Kind.

Viele Opfer von Frechheiten sind froh, wenn sie endlich in Ruhe gelassen werden, und sei es auch nur für kurze Zeit. Sie reagieren deshalb nicht verärgert, sondern sind dankbar dafür, daß alles vorüber ist, und kommen nie wieder auf den Vorfall zu sprechen. Diejenigen, die ihren Ärger zum Ausdruck bringen, erhalten zur Antwort nur noch mehr Unverschämtheiten – was einen Kreislauf auslöst, der nur dann endet, wenn einer der Beteiligten erschöpft aufgibt oder das Zimmer verläßt.

Frechheiten kann man teilweise dadurch erkennen, daß man sich die Gefühle vergegenwärtigt, die von diesem Verhalten hervorgerufen werden. Es gibt jedoch Gelegenheiten, bei denen Kinder etwas sagen, das unangenehm für die Eltern ist oder sie traurig stimmt, ohne daß es sich dabei um Unverschämtheiten handelt.

Beispiele für echte Kommunikationsversuche eines Kindes, die nicht mit Frechheit verwechselt werden sollten:

Troy war der sechsjährige Sohn von Enid, einer berufstätigen Mutter, die so beschäftigt war, daß sie häufig wochenlang höchstens ein paar Worte pro Tag mit ihm wechselte. Enid hörte im Auto gerade eine Kassette zum Japanischunterricht, während sie ihn zum Karatetraining fuhr, als er plötzlich sagte: »Mama, ich glaube, ich langweile dich.« Enid trafen Troys einfache Worte ins Innerste. Ihr wurde mit einem Mal klar, wie schlecht sie Troy behandelte. Seine traurige Feststellung konnte in keiner Weise als freches Verhalten eingestuft werden. Das Kind wollte nicht kontrollieren, sondern der Mutter nur seine Wahrnehmung ihres Verhaltens kundtun. Seither hat Enid es sich zur Aufgabe gemacht, Troy jeden Tag wenigstens eine Stunde lang ihre ungeteilte Aufmerksamkeit zu widmen.

Es gibt eine ganze Reihe kindlicher Äußerungen, die zwar ein unangenehmes Gefühl hinterlassen, aber nicht als Frechheiten angesehen werden dürfen:

»Mama, warum bist du immer so wütend?«

»Opa, schrei meine Mutter bitte nicht an.«

»Papa, mir gefällt es nicht, daß du Mama und mich nirgendwo hin mitnimmst.«

»Ich wollte, wir hätten ein schöneres Haus zum Wohnen, so wie Billy.«

»Ich mag keine Kleider vom Flohmarkt mehr tragen, ganz egal, wie neu sie aussehen. Ich fühle mich einfach nicht wohl in ihnen.«

Dies sind Beispiele für Versuche einer echten Kommunikation von Kindern, mit normaler Stimme vorgetragen und nicht in jammerndem, aggressivem oder sarkastischem Tonfall. Sie sollten Gehör finden, und sie sollten ernst genommen und diskutiert werden und nicht als Unverschämtheiten verkannt werden.

Schritt: 2: Konsequenzen auswählen

Eine Konsequenz, die dazu dienen soll, Frechheiten Einhalt zu gebieten, kann nicht aufgeschoben werden, und sie muß logisch sein. Um diesen Schritt zu verstehen, tun Sie einmal so, als wären Sie dreizehn Jahre alt. Sie sitzen mit Ihrer Familie beim Abendessen und fragen: »Und dieses Zeug soll eßbar sein?« Es wird Ihnen gesagt, daß solche Sprüche nicht akzeptabel sind und daß Sie deswegen sofort vom Tisch aufstehen werden und anschließend auch nicht mit der Familie ein Eis essen gehen werden. Beide Konsequenzen sind logische Reaktionen darauf, daß Sie sich weigern, in der von Ihren Eltern bei Familienzusammenkünften gewünschten Form zu sprechen. Sie bekommen kein Abendessen, Sie werden nicht mit den anderen Familienmitgliedern sprechen und Sie werden nicht an anderen angenehmen Familienaktivitäten teilnehmen.

Alle Ihre Bitten, daß Sie hungrig seien, werden schlichtweg ignoriert.

Das folgende wahre Fallbeispiel zeigt, wie einfach und auf elegante Weise man Konsequenz an den Tag legen kann:

Fallbeispiel Nr. 4: Die achtjährige Susan durfte die Nacht bei ihrer Freundin Becky schlafen. Es war das erste Mal, denn ihre Eltern kannten dieses Mädchen nicht sehr gut. Susans Mutter June und Beckys Mutter arbeiteten beide als leitende Angestellte bei einer Versicherung.

Gegen neun Uhr an diesem Abend verlangte Becky von Susan, daß sie ihre Eltern anrufen sollte: Sie sollten ihren Videorecorder bringen, da Beckys kaputtgegangen war. Zu diesem Zeitpunkt hatte Susan bereits seit Stunden beobachtet, wie aggressiv Becky mit ihren eigenen Eltern umgesprungen war, und so zögerte sie keinen Augenblick, von ihren Eltern zu verlangen, sofort die sechs oder sieben Kilometer zu Beckys Haus zu fahren.

»Aber wir wollen den Videorecorder später selbst benutzen«, sagte Susans Mutter.

»Ich brauche den Videorecorder jetzt sofort!« antwortete Susan in befehlerischem Ton. »Du kannst deinen Film ja morgen sehen.« Dann verdrehte sie die Augen, um Becky zu zeigen, was sie von der Unterhaltung hielt. »Ach, Mama! Ich meine, was ist denn daran so schlimm? Du stehst auf, steigst ins Auto und kommst mal eben her!«

June wußte genau, was in diesem Fall die logische Konsequenz sein mußte. »Wir sind gleich da, Susan«, sagte sie mit der nötigen Schärfe in der Stimme. »Dann bist du angezogen und fertig, um mit uns nach Hause zu kommen.«

»Das glaube ich kaum«, sagte Susan, wobei sie Beckys Tonfall perfekt nachahmte. Die Freundin hatte kurz vorher ihren Eltern mit den gleichen Worten getrotzt.

»Dein Tonfall und die Art und Weise, wie du mit mir redest, sind respektlos. Dein Benehmen kann ich so nicht akzeptieren.«

»Ich glaube es einfach nicht«, kreischte Susan. »Ich komme nicht mit nach Hause, egal was du mir erzählst.«

»Sag bitte Beckys Mutter, daß du gleich gehen wirst«, sagte June, völlig über Susans Tonfall hinweggehend. »Packe deine Sachen, und sei in einer halben Stunde fertig.«

»Becky will mit dir sprechen«, begann Susan, aber June hatte das Gespräch bereits beendet. Innerhalb einer halben Stunde waren June und ihr Mann bei Becky. Susan hatte noch nicht gepackt und niemandem gesagt, daß ihre Eltern sie abholen würden. June und ihr Mann erklärten Beckys Eltern, warum sie da seien. Die Eltern unterhielten sich ungezwungen und ignorierten die Spannung, während Susan sich fertigmachte.

Susan legte später nie mehr ein ähnliches Benehmen an den Tag, berichtete June. Die Konsequenz, nach Hause zu müssen, war logisch, denn sie stand in direktem Zusammenhang zu ihrem unverschämten Verhalten.

Noch ein weiteres Beispiel für eine logische Konsequenz in einer Unterrichtssituation:

Fallbeispiel Nr. 5: Shelleys Arbeit in einem Ferienlager bestand darin, den Kindern zu zeigen, wie sie eigene Computerspiele entwickeln konnten. Unter ihren zwanzig Schülern war auch Kevin, ein sehr intelligenter vierzehnjähriger Experte für Video- und Computerspiele. Mit sarkastischen Bemerkungen störte er den Unterricht nachhaltig. Andauernd rief er etwas dazwischen, machte keine Aufgaben und stiftete andere Kinder zu ähnlichem Verhalten an. »Seine Hauptbeschwerde war, daß wir nicht genug Rechner zur Verfügung hatten. Darüber war ich auch enttäuscht, aber wir hatten kein Geld für zusätzliche Geräte«, erklärte Shelley. »Also habe ich Vorproduktion, Drehbuch schreiben und andere Aktivitäten unterrichtet, die mit Bleistift und Papier gemacht werden konnten. Alle anderen Kinder begnügten sich damit, bis Kevin sagte, das sei doch zu sehr wie ›richtige Schule‹. Sie müßten sich damit nicht zufriedengeben, denn dieses Ferienlager sollte ja eigentlich Spaß machen.« Shelley ertrug Kevins Benehmen, wobei ihre Diskussionen oft damit endeten, daß sie ihn völlig empört anschrie.

Inzwischen aber lernte Shelley unser Vier-Schritte-Programm kennen und hatte am Tag nach einem Ausflug zu einer Produktionsfirma von Videospielen die Gelegenheit, es bei Kevin auszuprobieren. »Kevin fand den Ausflug ganz toll und benahm sich besonders gut. Aber am nächsten Tag war er wieder schrecklich. Ich verkündete, daß der Spieleproduzent die Namen der Schüler wollte, die ich für fähig hielt, die Videospiele zu testen. Natürlich schrie Kevin sofort, daß ich seinen Namen nennen müßte.« Shelley erkannte, welche Konsequenz sie am ehesten aus Kevins Verhalten und das der anderen von ihm beeinflußten Schüler ziehen sollte. »Nein, Kevin«, sagte sie. »Du hast mir immer wieder im Unterricht Schwierigkeiten gemacht, selbst nachdem ich dir die Regeln genau erklärt hatte. Ich kann dich niemandem empfehlen.« Und Kevins Reaktion? »Er schrie, er schrie buchstäblich fünf Minuten lang aus Leibeskräften. Dann sagte er, ich könne ihn nicht so behandeln. Ich gab ihm keine Antwort. Er fing noch einmal an zu schreien, aber die meisten Kinder beachteten ihn nicht mehr. Dann sagte er: ›Wer glauben Sie eigentlich, wer Sie sind? Sie haben kein Recht, mich so zu behandeln.‹«

Shelley antwortete auf diese neue Unverschämtheit mit einer weiteren logischen Konsequenz: Kevin mußte für den Rest des Tages den Klassenraum verlassen. Am nächsten Morgen fragte Kevin Shelley, ob sie ihre Meinung ändern würde, wenn er sich ›echt gut‹ benehmen würde. Laut, so daß es die ganze Klasse hören konnte, sagte Shelley: »Nein, ich werde meine Meinung nicht ändern.« Daraufhin seufzte Kevin und begann, zum ersten Mal seit Beginn des Ferienlagers, mit seiner Gruppe an Illustrationen zu arbeiten. Er benahm sich für den Rest der Zeit völlig normal.

»Ich bin überzeugt davon«, stellte Shelley verwundert fest, »daß dies das erste Mal war, daß Kevin sich einer Konsequenz seines Verhaltens gegenüber sah. Er war völlig überrascht. Und die anderen Kinder waren es auch.«

Shelleys Entscheidung war absolut logisch. Es kann von niemandem erwartet werden, jemanden zu empfehlen, von dem man schlecht behandelt wurde. Es tat Shelley nur leid, daß sie das Vier-Schritte-Programm nicht gleich bei Kevins erster Störaktion hatte anwenden können. »Ich hätte sofort Konsequenzen ergreifen sollen«, sagte Shelley. »Das nächste Mal weiß ich es besser.«

Schritt 3: Konsequenzen durchsetzen

Um Wirkung zu zeigen, muß die Konsequenz auf eine Frechheit *sofort* erfolgen und logisch sein. Nach Auswahl der besten Konsequenz müssen die Eltern oder Erziehungsberechtigten diese Konsequenz sofort umsetzen, ohne dem frechen Kind weitere Gelegenheit zum Widerspruch zu geben, unabhängig von Bitten und Versprechungen des Kindes, sich zu bessern.

Bei Susans unverschämtem Angriff auf ihre Eltern war die logische Konsequenz klar: Sie befand sich bei der Freundin – also wurde sie sofort nach Hause gebracht. Es war nicht ganz einfach, aber die Eltern hatten sich auf diesen Schritt vorbereitet.

Die Lehrerin Shelley gab zu, daß es sehr schwierig war, sofort konsequent zu sein. »Ich war so daran gewöhnt, mit den Worten ›Noch einmal und ich …‹ zu drohen und daran zu glauben, daß das Versprechen eines Kindes, von nun an sich zu benehmen, etwas wert war. Deshalb mußte ich mich zwingen, auch wirklich auf der Stelle konsequent zu sein.«

Shelley fügte hinzu, daß es ihr besonders schwerfiel, das Wort »wenn« zu vermeiden. »Es schien so normal, Kevin zu sagen, ›*Wenn* du mich noch einen einzigen Tag schlecht behandelst, werde ich dich nicht als Testspieler empfehlen.‹ Oder auch: ›Ich empfehle dich, *wenn* du dich heute gut benimmst.‹ Mir war nie klar gewesen, wie sehr Lehrer sich auf Drohungen und ›Wenn‹-Sätze stützen.«

Aber »wenn« ist ein Verhandlungswort, und mit Kindern zu verhandeln ist aus drei Gründen sinnlos:

1. Das Kind wird vor eine Wahl gestellt. Bei Frechheiten sollte dem Kind keine Wahl bezüglich seines weiteren Verhaltens bleiben. Sein bisheriges Verhalten war nicht akzeptabel und sonst nichts.
2. Verhandeln verhilft dem Kind zu einer Machtposition. Es macht das Kind zu einem Verhandlungspartner. Doch nach einer Unverschämtheit sollte das Kind keine Macht haben, sondern nur der Erwachsene.
3. Verhandeln verschafft dem frechen Kind Aufschub. Indem wir sagen: »Wenn du in diesem Ton weitermachst, bleibst du am Wochenende zu Hause«, fordern wir das Kind auf, das freche Benehmen zu verlängern (es weiß, am Wochenende kann neu verhandelt werden), und schieben die Konsequenzen für einige Tage erst einmal auf. Die Androhung verschiebt die Konsequenz auf einen späteren Zeitpunkt, wenn weder die Eltern noch das Kind sich an die ursprüngliche Frechheit erinnern können. Alle negativen Gefühle müssen von den Eltern wiederbelebt werden, um nun ihrer Konsequenz die notwendige Motivation zu geben.

Eine wesentlich bessere Lösung ist es, *sofort* konsequent zu sein, wie auch das folgende Fallbeispiel zeigt:

Fallbeispiel Nr. 6: Shelley leitete einen Kurs zum Thema ›Filmemachen für Anfänger‹. »Die Kinder mußten sich in Gruppen einteilen, und jede Gruppe sollte einen Vorschlag für einen Zwei-Minuten-Film mit Anfang, Mitte und Ende erarbeiten. Drei Mädchen kamen zu mir und sagten, die vierte in ihrer Gruppe, Joan, würde überhaupt nicht auf ihre Ideen eingehen. Sie sagten, daß Joan sehr aggressiv sei und unverschämt darauf bestehe, daß nur ihre eigenen Ideen umgesetzt würden.

Als ich daraufhin mit Joan sprach, beschwerte sie sich über die anderen. Sie seien ›schlecht‹, weil sie nicht auf sie hören wollten! Ich erklärte Joan, daß die anderen Mädchen nicht damit einverstanden waren, wie sie mit ihnen sprach. Joan antwortete, daß sie verdient hätten, daß man so mit ihnen umging, weil sie ihr nicht den Willen ließen. Ohne mit der Wimper zu zucken, entschied ich mich einzugreifen, und zwar sofort. Ich sagte Joan, daß sie allein arbeiten müsse. Die anderen drei Mädchen würden eine Gruppe ohne sie bilden.

Joan war außer sich vor Wut – sie hatte ernsthaft von mir erwartet, die anderen Mädchen ihrem Kommando zu unterstellen. Als sie merkte, daß ich meine Meinung nicht ändern würde, sagte sie, ich sollte ihr noch einmal eine Chance geben, mit den anderen klarzukommen. Am schwierigsten war es, als sie ihr Benehmen von Frechheit auf Tränen umstellte. Wie konnte ich nur so gemein sein, schluchzte sie. Ob ich nicht wüßte, daß sie ernsthaft lernbehindert sei? Ich war jedoch nicht so dumm, ihr in diesem Moment nachzugeben. Ich erklärte ihr, daß sie ja andere Schüler bitten und sie sozusagen anstellen könnte, ihr bei der Schauspielerei, den Bauten und der Kameraarbeit zu helfen, und daß die anderen dann entscheiden könnten, ob sie für sie arbeiten wollten oder nicht. Wenn sie für sie arbeiten wollten, dann war sie der Boß. Aber in ihrer Gruppe würde sie das einzige Mitglied sein. Es funktionierte hervorragend! Joan hatte einen Riesenspaß daran, gleichzeitig Produzentin, Regisseurin, Drehbuchautorin und Filmstar zu sein. Es fiel ihr leicht, ›Angestellte‹ zu finden, denn viele Schüler wollten mehr Produktionserfahrungen machen, als sie in ihrer eigenen Gruppe bekommen konnten. Sie stellten fest, daß sie als ›Angestellte‹ tun mußten, was Joan sagte. Aber Joan merkte auf der anderen Seite auch, daß sie die Mitschüler höflich und fair behandeln mußte, wenn sie ›Kündigungen‹ vermeiden wollte. So lernte sie, wie sie andere Menschen behandeln mußte, um sie zur Mitarbeit zu bewegen. Wahrscheinlich wird sie irgendwann eine berühmte und mächtige Produzentin in Hollywood.«

Amanda, die Mutter der beiden unverschämten Mädchen, folgte Schritt 1 und erkannte die frechen Angriffe. Aber ihre Konsequenz – die Kinder zu anderen Leuten zu schicken – ist nicht logisch: Denn sie gibt in Wirklichkeit ihre Mutterrolle auf und gesteht ihre Niederlage ein. Deswegen konnte es niemals funktionieren.

Jedesmal, wenn die Töchter Amanda besuchten, wandelte sich ihr Benehmen der Mutter gegenüber nach anfänglichen Zärtlichkeiten schnell wieder in unverschämtes Verhalten um und eskalierte mit solcher Frechheit und Lautstärke, daß Amanda sie wieder fortschickte, Tage vor dem geplanten Ende des Besuchs. Ironischerweise gab eine der Töchter während einer hitzigen Auseinandersetzung einmal zu, daß sie es niemals wagen würden, zu den Verwandten, bei denen sie lebten, so zu sprechen wie zu ihrer Mutter. Sie hatten zuviel Respekt vor den Verwandten!

Folgende wichtige Punkte sollte man beachten, wenn man auf freches Verhalten reagiert und Konsequenzen durchsetzen will:

- Sprechen Sie nur über Ihre Gedanken und Gefühle, nicht darüber, was das Kind falsch macht oder sagt. Zum Beispiel könnten Sie in neutralem und sachlichem Ton sagen: »Ich finde diese Äußerungen respektlos und sie tun mir weh, deshalb habe ich beschlossen, dich nicht zu Suzy zu fahren.« Sagen Sie nicht: »Du bist ein vorwitziges Luder und gehst mir heute nirgendwo hin!«
- Gebrauchen Sie respektvolle, nicht von Rachegedanken ge-

prägte Worte und eine ruhige Tonlage, selbst wenn das Kind dies nicht tut. Sagen Sie beispielsweise: »Dieses Wort finde ich beleidigend« statt »Komm mir bloß nicht noch einmal mit dieser Gossensprache.«

- Stellen Sie nur einmal fest, welche Konsequenz erfolgen wird. »Du hast mich beleidigt, als du mir dieses Wort an den Kopf geworfen hast. Ich fühle mich verletzt. Ich habe keine Lust, dir heute abend diese neuen Schuhe zu kaufen.« Begründen oder erklären Sie Ihre Entscheidung nicht. Kinder wissen genau, was logisch ist und was nicht, obwohl sie vielleicht häufig versuchen, Sie vom Gegenteil zu überzeugen.
- Verbinden Sie die Konsequenz mit der Beleidigung. Weisen Sie das Kind beispielsweise einmal darauf hin, daß bestimmte Aktivitäten, die eigentlich folgen sollten, nach frechen Antworten als Konsequenz unterlassen werden: »Da du mich blöd genannt hast, als ich dich gebeten habe, dein Spielzeug aufzuheben, nehme ich dir jetzt das Spielzeug für eine Weile weg.« Schlagen Sie das Kind nicht, oder sagen Sie auch nicht: »Du böses Mädchen, nenn mich nie wieder so!«
- Wenn das Kind darum bettelt, noch eine Chance zu bekommen – wie im Fall von »Wenn du mir nur diese Schuhe heute abend kaufen würdest, damit ich sie morgen zu Jimmys Party anziehen kann, dann verspreche ich auch, so etwas nie, nie wieder zu sagen!« –, dann geben Sie nicht nach. Die einzige Art und Weise, dem Kind gegenüber glaubwürdig zu erscheinen, ist ein konsequentes Verhalten Ihrerseits. Konsequenz wird manchmal den Eltern genauso weh tun wie den Kindern, aber es gehört nun einmal zu Ihrer Erziehungsaufgabe.
- Unterstreichen Sie, daß Ihre Gefühle der Grund für die Konsequenzen sind. Sagen Sie deutlich: »Ich fühle mich verletzt«, »Ich fühle mich nicht gut«, »Ich bin wütend«, »Ich komme mir so hilflos vor.« Sie haben ein Recht darauf, etwas für jemanden nicht tun zu wollen, der Sie schlecht behandelt. Seien Sie allerdings sachlich, suchen Sie niemals Ver-

geltung für Ihre Verletzungen. Jedes dieser genannten Beispiele könnte diesen Beigeschmack bekommen, wenn es in einem »Dich-mache-ich-fertig«-Tonfall gesagt würde.

Richtige und falsche Reaktionen auf Frechheiten

Was Sie niemals als Reaktion auf Frechheiten sagen sollten:

- »Was hast du da gesagt?« Das Kind wird fast immer antworten: »Nichts.« Sie werden zurückgeben: »Ich habe aber genau gehört, was du gesagt hast.« Das Kind wird wiederum verneinen, überhaupt etwas gesagt zu haben. Es kommt zu einer Diskussion, und hierbei wird das Kind sich in einer Machtposition befinden.
- »Das habe ich genau gehört.« Das Kind wird mit Bemerkungen wie »Na und?« oder »Was? Was habe ich gesagt?« antworten und damit die Oberhand behalten.
- »Jetzt geht es dir aber schlecht!« Das Kind wird mit unschuldiger Stimme antworten: »Was habe ich denn gesagt?« Sie werden wiederholen, was es gesagt hat. Es wird darauf bestehen, daß das nicht »so« gemeint war, und damit die Oberhand behalten.

Was Sie immer als Reaktion auf freche Bemerkungen sagen sollten:

- »Wenn du so mit mir sprichst (oder: Wenn du dich so benimmst), tut mir das weh (oder: fühle ich mich gestreßt oder wie immer Sie sich dann fühlen). Deshalb werde ich nicht ...« Sie bezeichnen das Verhalten, Sie bezeichnen das Ergebnis des Verhaltens, und Sie behalten die Kontrolle über die Situation.
- »Ich kann es nicht akzeptieren, daß du in unserem Hause

(oder in unserer Familie oder in meinem Haus oder zu mir) so sprichst. Deshalb werde ich ...« Sie definieren die Regeln und Normen, wie miteinander gesprochen und umgegangen werden soll.

- »Diesen Tonfall (z. B. sarkastisch oder quengelnd) oder diese Gebärden (z. B. die Augen verdrehen) verbiete ich dir.« Sie nehmen einen klaren Standpunkt ein.

(Weitere Ideen und Vorschläge zum Auswählen und Durchsetzen der richtigen Konsequenzen finden Sie im Kapitel »Arbeitsbuch«, s. Seite 63).

Schritt 4: Sich von der Auseinandersetzung abwenden

Wie Sie bereits in einigen der Fallbeispiele sehen konnten, beginnt eine Auseinandersetzung häufig, wenn die ersten drei Schritte zum ersten Mal durchgeführt werden. Lediglich Amanda vermied diese Streiterei dadurch, daß sie ihre Töchter vor die Tür setzte. Deshalb verpaßte sie den vierten Schritt – sich von der Wut der Kinder abzuwenden, noch während diese Theater machen. Der vierte Schritt ist von entscheidender Wichtigkeit, denn die Kinder müssen sehen, daß ihre Eltern den Fall als erledigt abgetan haben und in Ruhe ihren Angelegenheiten nachgehen, unabhängig davon, was sie (die Kinder) noch tun. Ziemlich bald wird das Kind die Lust verlieren, weiter Aufruhr zu veranstalten. Schließlich wird es sein freches Verhalten aufgeben.

Es gibt noch einen weiteren Grund, warum Schritt 4 so wichtig ist: Dadurch, daß sie der Auseinandersetzung ein Ende setzen, demonstrieren die Eltern, wie wenig sie das Protestverhalten des Kindes interessiert. Als Resultat versteht das Kind, daß sein Verhalten nicht zur Erfüllung seiner Wünsche führt. Geschweige denn zu dem Gemisch aus Aufmerksamkeit, Macht- und Rachegefühlen, welches das Kind durch sein patziges Verhalten erzeugen will.

Im Fallbeispiel Nr. 2 hätte die Mutter sich von der Auseinandersetzung abwenden können, indem sie Sandy in ihr Zimmer bringt. Wenn das Kind dafür zu alt oder zu groß ist, empfehlen wir, daß die Eltern das Zimmer verlassen und etwas anderem nachgehen. Es geht einfach darum, nicht mehr weiter zu argumentieren oder zu diskutieren und das Betteln und die Proteste zu beenden.

Weitere Methoden, sich abzuwenden:

Nehmen Sie auf alle Ausflüge ein Buch mit. Wenn Sie mit einem frechen Kind ein Museum oder ein Theater verlassen und noch warten müssen, bis der Rest der Familie oder Ihre Freunde ihren Besuch beendet haben, können Sie sich mit dem Buch beschäftigen, während Sie mit dem Kind im Auto warten, und werden nicht in eine unnötige Diskussion oder einen neuerlichen Wutausbruch hineingezogen. Können Sie sich nicht auf ein Buch konzentrieren, wenn das Kind bei Ihnen ist, nehmen Sie Arbeitsunterlagen, zu beantwortende Briefe oder ein Tagebuch mit.

Achten Sie ebenfalls darauf, daß Babysitter oder Kinderfrauen Ihre Erziehungsmethoden beibehalten. Es sollten erwachsene Leute sein, auf die Sie sich verlassen können und die nicht unter allen Umständen bei Ihren Kindern beliebt sein wollen. Sie sollten nicht unbedarfte Teenager engagieren, deren Gegenwart Ihren Kindern unter Umständen lieber ist als Ihre Gesellschaft!

Es ist sehr wichtig, sich vom frechen Kind abzuwenden, nachdem man konsequent war, und keinerlei Reaktion mehr zu zeigen – auch nicht mittels Körpersprache, Tonlage oder Gesichtsausdruck. Das Kind wird bald aufhören, weil sein Aufbegehren nicht mehr negative Aufmerksamkeit – Schmerz, Ärger, Hilflosigkeit und Irritation – bei Ihnen hervorruft, was es ja mit Absicht provozieren wollte.

SCHWIERIGKEITEN UND WIE MAN SIE ÜBERWINDET

Wie man Frechheit erkennt, ist normalerweise recht einfach zu erlernen. Der dritte Schritt, die Konsequenzen *durchzusetzen*, scheint für Eltern der schwierigste Teil zu sein. Konsequenzen müssen sofort ergriffen werden, es darf keine zweite Chance geben. Versprechen, nun »brav zu sein« oder »nie wieder so etwas zu sagen«, dürfen nie berücksichtigt werden. Viele Kinder finden dies besonders ärgerlich und gemein.

Warum also sollten Sie ihnen keine zweite Chance geben?

Der Hauptgrund: Sofortiges Handeln klärt die Angelegenheit umgehend und auf der Stelle.

Der zweite Grund: »Zweite Chancen« – wie bei »Wenn du das noch einmal machst, dann werde ich …« – entpuppen sich häufig als leere Drohungen. Die Eltern wollten wahrscheinlich ursprünglich keine leere Drohung aussprechen, haben aber oft nicht die Energie oder die Zeit oder die Wut, ihr Versprechen wahr zu machen, wenn das Kind »noch einmal« frech ist – was sehr wahrscheinlich passieren wird, und sei es nur, um die Eltern zu testen.

Der dritte Grund: »Zweite Chancen« können auch extreme Reaktionen provozieren. Wenn die Eltern wissen, daß sie reagieren *müssen*, wenn das Kind zum zweiten Mal widerspricht, staut sich vielleicht zuviel Wut bei ihnen auf, und sie laufen Gefahr, die Kontrolle über sich zu verlieren. Die Tatsache, daß das Kind erneut versucht, sich mit einer Unverschämtheit durchzusetzen, kann dazu führen, daß Eltern viel wütender werden als unter normalen Umständen.

Der vierte Grund: Die Eröffnung einer »zweiten Chance« gibt dem Kind die Oberhand zurück. Die Entscheidung, ein zweites

Mal frech zu sein, wird ihm überlassen, und das Kind erhält so die Macht, die Atmosphäre in der Familie zu bestimmen. Ein simpler Rückfall, und schon ist die ganze Familie überrumpelt und verärgert – was für ein verlockendes Machtgefühl für das Kind!

Zusammenfassend wollen wir unterstreichen: Kinder müssen wissen, daß sie bei jeder Unverschämtheit mit Konsequenzen zu rechnen haben – und zwar sobald sie mit dem frechen Benehmen anfangen!

Vielleicht werden Sie sich nun als Tyrann fühlen, weil Erziehungsbücher, Ratgeber und andere Experten – und nicht zuletzt Ihr Kind sowie andere Familienangehörige – sich viel Mühe geben, Ihnen diesen Eindruck zu geben. Diese »Experten« gehören zur progressiven Schule, derzufolge Eltern die Freunde ihrer Kinder sein sollten.

Sie müssen jedoch einsehen, daß es auch Ihre Aufgabe ist, den Umgangston in Ihrem Haus zu bestimmen und den Kindern Disziplin und Führung zu geben. Es ist Ihre Aufgabe, ihnen das Gefühl zu vermitteln, daß sie wichtig sind und daß sie zur Familie gehören. Das erreichen Sie nicht dadurch, daß Sie den Kindern eine zweite Chance geben, immer wenn sie sich daneben benehmen. Sie erreichen es dadurch, daß Sie konsequent handeln und bei Verhaltensweisen einschreiten, die in Ihrer Familie nicht akzeptiert werden.

Glauben Sie noch immer, daß Sie bei Frechheiten eine zweite Chance zulassen sollten, so lassen Sie sich gesagt sein: Auf diese Weise vermitteln Sie Ihrem Kind den Eindruck, daß es von anderen Menschen – von Lehrern, Ehepartnern, Freunden, Vorgesetzten – auf Verlangen eine zweite, dritte oder vierte Chance erwarten darf. Das Kind muß aber lernen, wie Unverschämtheiten auf andere Menschen wirken. Wenn es nie erfährt, wie seine Worte andere Menschen treffen können, wird es nie Verständnis für seine Mitmenschen entwickeln. Diese Kinder haben keinen Respekt vor anderen, es wird ihnen aber auch nicht gelingen, ein positives Zugehörigkeitsgefühl zu entwickeln, das ihnen erst Zufriedenheit im Leben ermöglicht.

Wir wissen, daß es schwer ist, sofort konsequent zu sein. Es paßt scheinbar nicht zu liebevollen Eltern, die immer nachgeben; doch diese Einstellung kann vom Kind ausgenutzt werden, so daß schließlich getan wird, was das Kind will. Sofortige Konsequenzen durchzusetzen verlangt eine Portion Rückgrat, Überlegung und Mut. Vielleicht hilft Ihnen der Hinweis, daß Erwachsene, denen in der Kindheit von ihren Müttern und Vätern Grenzen gesetzt wurden, im Regelfall voller Bewunderung von ihren Eltern sprechen.

Das nächste Fallbeispiel – eine wahre Geschichte, erzählt von Audrey Ricker – verdeutlicht alle Schritte des Vier-Schritte-Programms gegen Frechheit.

Fallbeispiel Nr. 7: Ich werde niemals das beklemmende Gefühl vergessen, als mein neuer Ehemann meinem Sohn gegenüber tatsächlich konsequent war, sobald dieser sich unverschämt benahm. Noah redete mit seinem Stiefvater in dem gleichen sarkastischen Ton, den er häufig mir gegenüber anschlug: »Ich helfe nicht beim Geschirrspülen, und du kannst mich nicht zu irgendwelchen Dingen zwingen, die ich nicht tun will.« Daraufhin handelte mein Mann sofort. Er befahl Noah, das Geschirr allein zu spülen. Er solle sich in die Küche begeben und erst wieder herauskommen, wenn das Geschirr gespült sei. Mein Sohn schrie und schaute mich an. Ich wußte, daß dies ein wichtiger Moment war. Es war das erste Mal in Noahs Leben, daß ihn jemand dazu bringen wollte, etwas gegen seinen Willen zu tun. Ich blickte zur Seite und verriet damit nicht nur meinen Sohn. Ich verriet auch A.S. Neill, den Begründer der antiautoritären Schule von Summerhill, Dr. Spock, der daran glaubte, daß Eltern immer die besten Freunde ihrer Kinder sein sollten, den Psychologen meines Sohnes, der glaubte, daß Noahs Frechheiten ein gesunder Ausdruck tief unterdrückter Gefühle seien, und auch meine Mutter, die mir beigebracht hatte, daß dieser wunderschöne Knabe nichts Böses im Schilde führen könne und immer verwöhnt werden müsse. Ich war mir sicher, daß ich dabei war, wenn nicht einen Serienkiller, so doch einen Tunichtgut aufzuziehen.

Es war unbeschreiblich schwierig für mich, mich von dieser Auseinandersetzung abzuwenden. Ich saß im Wohnzimmer und versuchte zu lesen, während mein Mann eine Sendung im Fernsehen verfolgte. Ich war überzeugt, daß mein Sohn alle Teller in der Küche zerbrechen würde. Alle fünf Minuten mußte ich mich beherrschen, um nicht in die Küche zu gehen und nach ihm zu sehen. Nach etwa einer halben Stunde kam er heraus und sagte so ganz nebenbei, daß das Geschirr gespült sei. Von diesem Tag an war es seine Aufgabe in der Familie, sich um das Geschirr zu kümmern. Es gab keine Unverschämtheiten mehr von meinem Sohn, weder meinem Mann noch mir gegenüber.

Ich sage nicht, daß wir von da an ein für allemal glücklich zusammenlebten, aber ich habe damals gelernt, daß Handlungen grundsätzlich eine deutlichere Sprache sprechen als Worte.

TEIL II:

Die Umsetzung

DURCHSETZEN DES VIER-SCHRITTE-PROGRAMMS

Das Vier-Schritte-Programm kann sofort angewendet werden. Das heißt das nächste Mal, wenn Ihr Kind frech oder unverschämt ist, sollten Sie eingreifen. Etwas wegzunehmen, in diesem Fall die Macht zur Unverschämtheit, funktioniert allerdings besser, wenn es im Gegenzug eine wünschenswerte positive Erfahrung gibt. Dies kann ein Leben in einer Familie sein, in der alle Mitglieder sich achten und lieben. Ein Zuhause, wo freches Benehmen nicht erlaubt ist.

Das Zuhause ohne Frechheiten

Ein Zuhause ohne Frechheiten schafft für alle Familienmitglieder die Möglichkeit, glücklich zu sein. In diesem Heim wird es Respekt, Ermutigung und freundliche Worte geben. Wenn Sie nicht wissen, wie ein solches Zuhause aussieht, können wir Ihnen nur empfehlen, sich ein paar Beispiele anzusehen, etwa bei Freunden, und sich zu merken, was Ihnen dort als besonders angenehm auffällt.

Einige Filme und Fernsehserien bieten ebenfalls positive Darstellungen familiären Zusammenlebens. Natürlich sind manche dieser Schilderungen des Familienlebens ziemlich idealisiert – Sie brauchen wirklich nicht zu glauben, daß sich ausgerechnet Ihre Familienangehörigen in Zukunft wie die Figuren in einem Disneyfilm verhalten werden. Es geht lediglich darum, möglichst viele Beispiele harmonischen Zusammenlebens zu betrachten. Sie werden auch Film- und Fernsehfamilien entdecken, die freche Kinder wahrscheinlich nur noch mehr ermuntern. Sie werden herausfinden, daß glückliche Heime nicht unbedingt von Kleinfamilien bewohnt werden. Auch größere Familienverbände sind durchaus zu harmonischem Zusammenleben fähig.

Sie können auch Biographien lesen. Naomi Judd beschreibt in ihrer Biographie *Love Can Build a Bridge* eine Kindheit in einer harmonischen Familie. Ihre Mutter vermittelte den Kindern immer das Gefühl, sie gern um sich zu haben. Die Kinder wurden dazu erzogen, alle Erwachsenen und auch einander zu respektieren, auch die ein wenig exzentrischen Familienmitglieder.

In einem Bericht über den Regenwald im Amazonasgebiet in *National Geographic* wird zum Beispiel geschildert, daß Geld keine Voraussetzung für eine glückliche Familie ist. In dem beschriebenen Stamm lebten alle wie in einer einzigen großen Familie: Es wurden vierundzwanzig Stunden am Tag in der Gemeinschaft verbracht, zusammen gegessen, geschlafen und gelebt. Als ein junges Mädchen des Stammes einen amerikanischen Anthropologen heiratete und mit ihm nach New Jersey ging, versuchte sie mit allen Mitteln, sich dem neuen Leben anzupassen, das mit all den Dingen ausgefüllt war, wie sie Amerikaner wünschen – zwei wunderschöne Kinder, gute Kleidung, ein herrliches Einfamilienhaus in einer guten Gegend, Einkäufe in den besten Geschäften, ein eigenes Auto, gesellschaftliche Kontakte und Akzeptanz.

Nach weniger als fünf Jahren zog es diese Frau jedoch in den Regenwald zu ihrer »richtigen« Familie zurück, mit der sie dann aufs neue fast nackt in einer Hütte lebte, Lianen webte und frisch erlegtes Wild in handgemachten Tontöpfen über offenem Feuer kochte. Die Kreditkarten, die Läden und die Einkaufszentren bedeuteten nichts für sie im Vergleich zu den Freuden, die ihr ein Leben mit ihrer Familie im Regenwald bereitete. Warum? Ihre Erklärung war einfach: Sie fühlte sich einsam in New Jersey, wo jeweils eine Kleinfamilie ein Haus allein bewohnte. Der Stamm bot hingegen Nähe. Das Zusammenleben konnte dort allerdings nur funktionieren, wenn eine Reihe von Verhaltensregeln eingehalten wurde. Jeder hatte bestimmte Aufgaben zu erledigen, und es war grundsätzlich verboten, einen Streit anzufangen. Regeln wie diese schließen in Jäger- und Sammlerkulturen Frechheiten und Unverschämtheiten weitgehend aus.

Doch auch in unserer westlichen Kultur kann man Zufriedenheit in der Familie erlangen, selbst wenn es eine gewisse Anstrengung, Erfahrung und Vorbereitung erfordert.

Wenn Sie eine klare Vorstellung davon haben, wie Ihre Familie sich verhalten sollte, wird es Ihnen leichter fallen, mit Frechheiten umzugehen. Sie werden jede Art der Kommunikation, die dieser Vorstellung widerspricht, bereits im Keim ersticken wollen.

Wenn Sie sich darüber Klarheit verschafft haben, sind Sie es, die entscheiden, welcher Tonfall, welche Ausdrücke und welche Gesten Sie in Ihrem Haus dulden oder nicht. Sarkasmus, Augen verdrehen, unverschämter Tonfall, unpassend aggressive Antworten, verbale Angriffe ohne jede Provokation – solche Störungen des familiären Friedens müssen Sie nicht einfach hinnehmen. Der Umgang der Eltern untereinander sollte ganz besonders von Respekt geprägt sein, um den Kindern ein gutes Beispiel zu geben. Erwachsene in friedlichen Haushalten leben gewöhnlich die folgenden Kommunikationsgewohnheiten vor und ermutigen so die Jüngeren, ihnen nachzueifern:

- Sie sind froh darüber, wenn ein Familienmitglied in den Raum kommt.
- Sie begrüßen oder verabschieden ein Familienmitglied beim Verlassen oder Betreten des Hauses.
- Sie befragen die anderen Familienangehörigen nach ihrem Tagesverlauf in der Schule oder bei der Arbeit oder bei Freizeitaktivitäten.
- Sie schenken den Antworten Aufmerksamkeit, hören zu, was gesagt wird, kommentieren die Antworten, stellen neue Fragen oder machen Bemerkungen, wenn eine weitere Diskussion angemessen erscheint.

Negative Kommunikationsformen sind in folgenden Familien zu finden:

- **Der Wettbewerbshaushalt.** In diesem Haushalt müssen die Kinder um Aufmerksamkeit kämpfen, indem sie sich negativ, dominierend und/oder kontrollierend verhalten; sie sagen oder tun etwas, das ihnen mehr Aufmerksamkeit der Eltern verschafft, als die anderen Kinder erhalten. Ein typisches Beispiel für einen solchen Wettbewerbshaushalt war das Haus von Joe und Rose Kennedy, in dem das Abendessen der Zeitpunkt für diesen Wettbewerb war. Dieser wurde von dem Kind gewonnen, dem es gelang, sich am aggressivsten aufzuführen.
- **Der schweigsame Haushalt.** Hier kommt es selten dazu, daß die Familienmitglieder miteinander sprechen, essen oder auf sonstige Weise Berührung miteinander haben. Manchmal sind sie zu erschöpft, um von den anderen Notiz zu nehmen. Manchmal sind sie so verärgert darüber, was in der Welt vorgeht, daß sie nicht mehr fröhlich sein können. Und manchmal sind die Eltern selbst in einem schweigsamen Haushalt aufgewachsen und wissen gar nicht, wie eine andere Umgebung geschaffen werden kann.
- **Der grausame Haushalt.** Die Angehörigen dieses Familientyps gebrauchen das Zuhause als einen Ort, wo sie ihren negativen Gefühlen und Aggressionen freien Lauf lassen können, so daß die gesamte Atmosphäre vergiftet wird. Wenn die Familienmitglieder miteinander sprechen, so tun sie es auf eine unhöfliche Art und Weise. Sie gehen zwar nicht ganz so weit, einander zu verletzen, aber sie haben selten ein nettes Wort füreinander übrig. Manchmal wird der Ärger in diesen Haushalten einem einzigen unglücklichen Familienmitglied aufgebürdet.
- **Der nervöse Haushalt.** Wenn eine oder mehrere der erwachsenen Autoritätspersonen eines Haushaltes nervös sind, schwache Nerven haben, sich ihrer schlechten Laune hingeben oder ständig in Tränen ausbrechen, dann werden die anderen Familienmitglieder häufig von diesen Nervenbündeln »angesteckt«, als ob es sich um eine Grippe handeln

würde. Als Folge gehen dann alle nur noch wie auf Zehenspitzen umher oder sie fangen an, sich ähnlich zu verhalten. Ein einfaches »Wie geht es dir?« wird mit einem argwöhnischen »Warum fragst du?« beantwortet. Jeder befürchtet, daß die kleinste falsche Bewegung einen Ausbruch hervorrufen könnte. Solche Familien werden auch als sensibel, angespannt oder, wie Ali McGraw ihre eigene Familie einmal beschrieb, als »merkwürdig« angesehen.

All diese Familienstrukturen gelten als Brutstätten für Frechheiten und Unverschämtheiten von seiten der Kinder. Denn die in ihnen geltenden Kommunikationsnormen rufen jene Art von Feindseligkeit hervor, die zu unverschämtem Verhalten gehört, das darauf zielt, auf negative Weise Zugehörigkeit zur Familie zu erreichen. Sollte Ihr Heim ein extremes Beispiel eines dieser oben angeführten Modelle sein, so brauchen Sie vielleicht Hilfe, die den Rahmen dieses Buches sprengt.

Tips und Ratschläge, wie Sie ein Zuhause ohne freches Verhalten schaffen können

Wie können Sie Ihr Zuhause in eine positivere Umgebung für alle Familienangehörigen verwandeln? Es gibt viele Wege, aber am wichtigsten ist die Erkenntnis, daß die Erwachsenen im Hause für die Stimmung verantwortlich sind – und daß diese Stimmung positiv sein muß. Es gibt ein paar erfolgversprechende Ansätze dazu:

- Seien Sie soviel wie irgend möglich zu Hause. Naomi Judd sagte, sie habe besonders an ihrer Mutter geliebt, daß diese »immer zu Hause war«.
- Seien Sie erfreut über jeden, der ins Zimmer kommt. Umarmen Sie Ihre Familienangehörigen ruhig, und begrüßen Sie alle mit herzlichen Worten und einem freundlichen Lächeln, wenn sie den Raum betreten.

- Fragen Sie alle, wie sie sich fühlen und was sie machen. Erinnern Sie sich, womit die einzelnen Familienmitglieder gerade mit ihrem Leben beschäftigt sind.
- Denken Sie an Geburtstage und ähnliche wichtige Gedenktage; kochen Sie ein besonderes Essen, oder schenken Sie zum Zeichen Ihrer Aufmerksamkeit eine Kleinigkeit. Geschenke können einfach oder sogar lustig sein. Eine Mutter aus unserem Bekanntenkreis läßt die Mitglieder ihrer Familie um die Wette nach dem verrücktesten Geburtstagsgeschenk vom Flohmarkt suchen – so lange, bis es ihnen gelingt, dem Geburtstagskind das Gefühl zu vermitteln, etwas Besonderes zu sein.
- Machen Sie aus dem Abendessen ein besonderes Ereignis. Sorgen Sie dafür, daß alle bei der Vorbereitung eine Aufgabe übernehmen. Sollte dies während der Woche nicht immer möglich sein, so planen Sie spezielle Mahlzeiten für das Wochenende ein.
- Alle Familienangehörigen sollten ihren Teil zum reibungslosen Funktionieren des Haushaltes beitragen. Jeder sollte eine echte Aufgabe haben, die erfüllt werden muß und auf deren Erledigung alle anderen Personen Wert legen.
- Ändern Sie all die Verhaltensweisen, die Ihren Haushalt unzufrieden machen und die Sie ändern können – wie zum Beispiel das freche Benehmen Ihrer Kinder. Sie sollten damit keine Zeit verlieren. Beginnen Sie auf der Stelle mit dem Vier-Schritte-Programm und halten Sie es durch. Wenn Vater oder Mutter oder beide Elternteile das Programm umsetzen, beweisen sie damit neuen Respekt vor dem eigenen Zuhause: Sie wollen, daß dieser Haushalt von nun an nicht durch Unverschämtheiten geprägt sein, sondern neue Wertschätzung erfahren soll. Die Zugehörigkeit zur Familie wird so zu einem Privileg. Wenn die Kinder feststellen, daß es ihre Eltern ernst meinen, respektieren sie normalerweise die Familie auf eine Weise, die für alle Familienangehörigen eine freundlichere Atmosphäre im Hause schafft.

- Sie sollten erkennen, wie wichtig Ihre Familie für Sie ist. Denken Sie an all die Freuden, die Ihnen von den verschiedenen Familienangehörigen schon zuteil wurden.

Geben Sie Ihren Kindern das Gefühl dazuzugehören!

- Achten Sie darauf, in welcher Weise Ihre Kinder den Haushalt unterstützen und wie sie sich bei der Bewältigung ihrer Aufgaben steigern. Sagen Sie beispielsweise: »Du hast das Haus richtig toll saubergemacht heute morgen. Du hast uns wirklich geholfen!«
- Zeichnen Sie große farbige Diagramme, auf denen die Haushaltsaufgaben der einzelnen Familienangehörigen dargestellt werden.
- Erlauben Sie den Kindern, jede Aufgabe auf dem Diagramm abzuhaken, sobald diese von ihnen erledigt wurde.
- Machen Sie regelmäßig Familienausflüge, wie zum Beispiel einen Besuch im Eissalon, im Zoo oder in Museen.
- Treten Sie einem Buchclub bei, der Bücher für alle Familienmitglieder anbietet, und sprechen Sie regelmäßig über diese Bücher.
- Erteilen Sie der Familie Kochunterricht, so daß alle Familienmitglieder von klein auf bei der Vorbereitung der Mahlzeiten helfen können.
- Lassen Sie Ihre Kinder ruhig einmal den Familienurlaub planen. Definieren Sie Obergrenzen für Preise und Entfernungen, an die sie sich halten müssen.
- Lassen Sie Ihre Familie als Weihnachtsprojekt einen Videofilm drehen. Dazu könnten Interviews mit erwachsenen Freunden und Familienmitgliedern gehören. Sie werden befragt, was sie in ihrer Kindheit gern taten.
- Helfen Sie Ihren Kindern dabei, alte Kleidung und Spielzeug für bedürftige Kinder zu sammeln.

Bei den meisten dieser Vorschläge gibt es für alle Familienangehörigen etwas zu tun. Und sie bieten Konsequenzen bei frechem Verhalten, wie zum Beispiel die Nicht-Teilnahme an einem Familienausflug.

Stärken Sie Ihren Entschluß

Alle Bekannten und Verwandten werden Ihre neue Einstellung zu frechem Benehmen testen wollen. Einige werden versuchen, Sie wieder umzustimmen, und Sie werden die folgenden Argumente zu hören bekommen:

- Sie brauchen sich nicht zu ändern.
- Alles ist doch in Ordnung, so wie es ist.
- Ihre Reaktion auf freches Benehmen ist übertrieben.
- Sie haben kein Recht, Ihre Normen Ihren Kindern aufzuzwingen.
- Man kann Sie einfach nicht ernst nehmen, wenn Sie wütend werden.

Man wird Ihnen aber auch anders kommen. Man wird Ihre Reaktionen auf das freche Verhalten Ihrer Kinder mit sanftem Humor nehmen oder gar in blinder Wut geißeln. Ihre Aufgabe ist es schlicht, das alles zu ignorieren! (Mehr zum Thema, wie andere Leute Ihre neue Einstellung zum frechen Verhalten sabotieren wollen, finden Sie im Kapitel »Wenn Erwachsene Kritik am Erziehungsstil der Eltern üben« s. Seite 72).

Auf alle Fälle sollten Sie fest zu Ihren Ansichten stehen. Vielleicht hilft es Ihnen, wenn Sie sich vor Augen führen, daß ein Haushalt ähnlich funktioniert wie ein Theaterstück – Sie sind der Regisseur und der Bühnenbildner, und Sie entscheiden, welche Stimmung vorherrschen wird.

Oder Sie denken sich Ihr Zuhause als Restaurant, in dem Ihr Führungsstil das Verhalten der Angestellten untereinander und gegenüber den Kunden bestimmt. Sie haben die Wahl, was für ein Umgangston in Ihrem Restaurant herrscht und welches Niveau dort gilt. In gleicher Weise können nur Sie festlegen, wie Ihre Familie funktionieren soll. Bringen Sie Ihre Vorstellungen zum Ausdruck – und zwar ganz bewußt und klar und deutlich.

Kündigen Sie Ihre neue Einstellung an

Wenn Sie es für nötig erachten, kündigen Sie Ihre neue Einstellung zu frechem Verhalten im Beisein der ganzen Familie an. Aber denken Sie daran: Diese Ankündigung ist nur dies eine – eine Ankündigung, keine Diskussion. Seien Sie kurz und präzise in Ihren Erläuterungen, und gehen Sie dann zu einem anderen Thema über. Wenn Sie Ankündigungen nicht mögen, so fangen Sie ganz einfach an, von Fall zu Fall anders mit frechem Verhalten umzugehen. Nach der dritten oder vierten Anwendung des Vier-Schritte-Programms haben die Kinder sicherlich gemerkt, woher der Wind weht. Bevor Sie jedoch feststellen, daß sie es gemerkt haben, werden sie versuchen, Ihnen klarzumachen, daß Sie verrückt geworden seien und daß Sie ihr Recht auf Selbstverwirklichung mit Ihrer neuen Methode in einer Weise verletzt haben, die sie zu Zombies ohne Lebenswillen, zu unterdrückten Sklaven gemacht hat... Lassen Sie sich nicht verrückt machen. Die Kinder werden alles versuchen, damit Sie sich schuldig fühlen. Deshalb sollten Sie die folgenden Verhaltensregeln beachten:

- Bleiben Sie fröhlich und gelassen. Zeigen Sie keine Zweifel.
- Halten Sie sich zu Konsequenzen bereit.
- Seien Sie nicht verstimmt, wenn Ihre ersten Versuche mit dem Vier-Schritte-Programm nicht funktionieren. Früher oder später klappt es.
- Gestatten Sie sich keine Wutanfälle, lassen Sie sich nicht auf Argumente oder Erklärungen ein. Seien Sie respektvoll und höflich, jedoch gleichzeitig streng.

Wenn Sie Ihre Resultate in einem Arbeitsbuch dokumentieren, wie es im Kapitel »Arbeitsbuch«, s. Seite 63 beschrieben wird, so werden Ihnen Ihre Ziele und Absichten klarer werden. Es wird Sie daran erinnern, daß Sie in Ihrem Hause die Stimmung haben können, die Sie möchten.

Lernen Sie, mit der Geschwisterdynamik umzugehen

Eine oder mehrere der folgenden Verhaltensstrategien bei frechem Benehmen gibt es wahrscheinlich bereits bei Ihren Kindern:

- Ein älteres oder dominierendes Kind gibt vielleicht bei unverschämtem Verhalten in Ihrem Hause den Ton an.
- Das jüngste Kind der Familie gibt vielleicht die Modelle für freches Verhalten vor, da es sich im Gegensatz zu den anderen Kindern solche Dinge bisher erlauben konnte.
- Zwei Kinder unterstützen einander möglicherweise dabei, Sie in Rage zu versetzen.

Wenn den Kindern einmal bewußt wird, wie Sie auf freches Verhalten reagieren, kommt es unter Umständen zu neuen Allianzen. Sie treten nun vielleicht als ein Häuflein Waisen auf, die von einem eiskalten Tyrannen beherrscht werden. Sie kommen vielleicht zusammen, um sich selbst zu bemitleiden. Sie sind unter Umständen besonders herzlich zu dem Elternteil, der von ihnen als weniger streng bei frechem Verhalten angesehen wird, und zeigen Ihnen um so mehr Kälte. Oder ein Kind versucht im geheimen, mit Ihnen einen Sonderstatus gegenüber den anderen Kindern auszuhandeln.

Sie sollten all dies als Machtspiele erkennen, um Sie unter Kontrolle zu bringen. Kinder werden alle denkbaren Manöver ausprobieren. Wenden Sie ungerührt auch weiterhin das Vier-

Schritte-Programm an – und zwar sowohl gegenüber einzelnen Kindern als auch gegenüber Gruppen oder Allianzen.

Die Altersunterschiede berücksichtigen

Obwohl die Prinzipien des Vier-Schritte-Programms für alle Kinder die gleichen bleiben, so können diese Prinzipien doch unterschiedliche Reaktionen bei Kindern der verschiedenen Altersgruppen hervorrufen. Ihre Anwendung des Vier-Schritte-Programms kann unter Umständen kleinen Variationen unterliegen.

- **Von drei bis acht:** Vor dem vierten Lebensjahr hat die Sprache der Kinder hauptsächlich die Funktion, Grenzen zu etablieren, sich selbst bemerkbar zu machen und die Welt auszuprobieren. Deshalb kann man in diesem Alter schwerlich von Frechheit sprechen. Mit dem vierten Lebensjahr jedoch bilden sich Verständigungsformen heraus, die der Orientierung bedürfen. Kinder entwickeln ein starkes Bedürfnis, in der Familie dazuzugehören, und müssen aus diesem Grund die Normen sozialen Verhaltens erlernen, die ihnen helfen werden, dieses Ziel auf positive Weise zu erreichen.

Frechheit erkennen. Die beste Regel ist diese: Wenn die Sprache, der Tonfall oder die Gesten Sie irritieren, handelt es sich um Frechheit. »Du bist blöd, ich hasse dich« von einem Vierjährigen ist ebensowenig anschaubar wie »Du bist einfach Scheiße« von einem Achtzehnjährigen.

Eine Konsequenz auswählen. In diesem Alter ist für ein freches Kind wahrscheinlich die beste Konsequenz, sofort von den Familienaktivitäten ausgeschlossen zu werden.

Die Konsequenz durchsetzen. Wenn das unverschämte Verhalten anfängt, sagen Sie in aufmunterndem Tonfall, ohne dabei Ihre gefühlsmäßige Reaktion zu zeigen: »Diese Art von Sprache (oder Verhalten) mögen wir in unserer Familie nicht, Karl. Wenn du dich so benimmst, zeigst du uns nur, daß du keinen Wert darauf legst, hier bei uns zu sein. Vielleicht hast du in zwanzig Minuten deine Meinung geändert und zeigst uns dann, daß du zu uns gehören möchtest.« Dann bringen Sie den schreienden Karl in sein Zimmer.

Den anderen Kindern, die vielleicht sagen: »Er hat das doch nicht so gemeint«, antworten Sie: »Karl muß ganz einfach lernen, welche Ausdrücke bei uns akzeptiert werden und welche nicht. Er ist noch klein, und dies ist eine gute Methode, es ihm beizubringen.« Dann ignorieren Sie das Gebrüll in Karls Zimmer ebenso wie sein Hämmern an der Tür oder die Geräusche von Sachen, die an die Wand geworfen werden. (Natürlich gibt es auch da Grenzen: Auf Geräusche von zersplitterndem Glas oder gar Rauchgeruch sollten Sie schleunigst reagieren.)

Sich von der Auseinandersetzung abwenden. Sobald Karl von der Bildfläche verschwunden ist, ignorieren Sie ihn und gehen sofort dazu über, Ihre Familie mit anderen Dingen zu beschäftigen. Es spielt dabei keine Rolle, um was es sich handelt, solange es sich um etwas Positives dreht. Sprechen Sie über das nächste Geburtstagsfest, planen Sie einen Wochenendausflug, schlagen Sie vor, Plätzchen zu backen – alles ist gut, solange es positiv und produktiv ist und die Aufmerksamkeit von Karl ablenkt. Die anderen Familienmitglieder sollten sehen, daß freches Benehmen sofort den Ausschluß von einer interessanten Aktivität nach sich zieht.

- **Von neun bis elf:**

Frechheit erkennen. Typisch für Frechheiten in diesem Alter ist es häufig, daß das freche Kind herausgefunden hat, daß Sie nicht perfekt sind:

»Du weißt ja überhaupt nicht Bescheid.«
»Du kannst mich zu nichts zwingen.«

»Die Mutter von Donny braucht keine Putzfrau. Bei ihr ist es auch so immer sauber.«

»Die Mutter von Donny verdient richtig viel Geld. Wieso kannst du das eigentlich nicht?«

Eine Konsequenz auswählen. Sie müssen sich mit der Form der Frechheit auseinandersetzen, nicht mit dem Inhalt. Wie schmerzlich dieser Inhalt auch sein mag, schenken Sie ihm keine Beachtung, rechtfertigen Sie sich schon gar nicht (»Ich verdiene ziemlich viel, wesentlich mehr als Donnys Mutter, die noch nicht einmal arbeiten geht.«), und suchen Sie nicht nach einer Verteidigung (»Wenn ich nicht arbeiten würde, um Geld zu verdienen, würde ich das Haus auch selber sauber halten.«).

Sie müssen etwas wegnehmen, ein schon lange erwartetes Privileg versagen oder sich weigern, einen bereits erwarteten Gefallen zu tun. Seien Sie nur sicher, daß die Konsequenz logisch in irgendeiner Weise mit dem frechen Benehmen in Zusammenhang steht: »Dieser Ton und solche Worte sind frech, John. Deshalb habe ich jetzt keine große Lust, viel Zeit und Energie darauf zu verwenden, was du gern willst. Ich habe beschlossen, dich heute abend nicht zu Joey zu fahren. Ich werde jetzt seine Mutter anrufen, um ihr abzusagen.« Dies *darf auf keinen Fall* als Rache vorgetragen werden, sondern der Ton sollte sachlich bleiben. Wenn man dem Kind auf dem gleichen Niveau antwortet, so lernt das Kind lediglich, wie Gleiches mit Gleichem vergolten wird. Tatsache ist, daß Respektlosigkeit weh tut – Sie zeigen es nicht, und Sie akzeptieren es nicht von anderen. Deshalb sind Sie nicht bereit, in diesem Moment nett zu dem Kind zu sein, und Sie sind nicht willens, irgend etwas *für* das Kind zu tun.

Die Konsequenz durchsetzen. Noch während John wütend protestiert, müssen Sie Joeys Mutter anrufen. Sagen Sie ihr, daß John frech war und daß er deshalb Joey nicht besuchen darf. Wenn John seiner Wut weiterhin freien Lauf läßt, machen Sie weiter mit Schritt 4, und bringen Sie ihn in sein Zimmer.

Sich von der Auseinandersetzung abwenden. Während John immer noch lauthals in seinem Zimmer wütet, beginnen Sie mit Ihrer Familie ein Gespräch darüber, was man gemeinsam unternehmen könnte, oder machen Sie allein etwas – gehen Sie in den Garten oder lesen Sie ein Buch.

- **Von zwölf bis vierzehn:**

Frechheit erkennen. Teenager haben nicht nur herausgefunden, daß Sie nicht perfekt sind, sondern auch, daß Sie in manchen Dingen vielleicht ein wenig rückständig sind. Freche Antworten von Jugendlichen sind oft beschämend. »Du hast ja überhaupt keine Ahnung« oder »Du weißt echt nicht, wie man sich anzieht« (oder wie man sich schminkt oder wie man ein Auto kauft oder wie man Sport treibt). Es wird Ihnen mitgeteilt, daß Ihr Verhalten beobachtet und für ungenügend befunden wurde.

Eine Konsequenz auswählen. Die beste Konsequenz ist logisch und besteht in einer Handlung, von der die Jugendlichen nicht glauben, daß Sie so etwas wagen werden. Im Fallbeispiel Nr. 1 (in der Einleitung, s. Seite 13) gab der Jugendliche beispielsweise seiner Mutter eine eindeutig unverschämte Antwort – »Mensch, ich schaue gerade diese Sendung. Hast du Tomaten auf den Augen?!« –, als sie ihn danach fragte, wie er denn gern seinen Hamburger hätte. Eine logische Konsequenz wäre es in diesem Fall gewesen, wenn die Mutter Joe mitgeteilt hätte, daß sein Tonfall nicht akzeptabel ist und dann das Undenkbare getan hätte – ihn vom Abendessen ausgeschlossen hätte.

Die Konsequenz durchsetzen. Man sollte auf keinen Fall nachgeben. Die Tatsache, daß Joe seiner Mutter nicht vernünftig antworten wollte, wie er seinen Hamburger am liebsten hätte, führt dazu, daß er gar keinen Hamburger bekommt. Viele Mütter würden so lange stehenbleiben und warten, bis Joe sich endlich bequemen würde, »fast durch« oder »medium« oder »ist mir egal« zu sagen.

Dann würden sie Joes Hamburger zubereiten – und zeigten dabei gleichzeitig den anderen Kindern, wie man so zum Spaß Unverschämtheiten der Mutter an den Kopf werfen kann und wer denn eigentlich das Sagen hat.

Sich von der Auseinandersetzung abwenden. Wie bereits gesagt, geht es beim vierten Schritt darum, sich wieder Ihren eigenen Dingen und Aktivitäten zuzuwenden, während das freche Kind weiterhin protestiert. Aber haben Sie auch wichtige eigene Dinge und Aktivitäten, denen Sie sich zuwenden können? Wenn Sie ältere Teenager haben, dann sind Ihre eigenen Beschäftigungen ganz besonders wichtig. Nichts beeindruckt sie mehr. Der Trick ist, seine Elternaufgabe ernst zu nehmen – aber *nicht*, den Fußabtreter zu spielen, dem nichts anderes als das Glück seiner Kinder am Herzen liegt, und wird er auch nur mit Füßen getreten. Je schneller Sie Ihr Interesse von Ihrem Kind ab- und Ihren eigenen Dingen zuwenden, desto betroffener machen Sie Ihren unverschämten Teenager. Wenn es irgend etwas gibt, das einem Jugendlichen wichtig ist, dann das Privatleben einer anderen Person – insbesondere, wenn man vielleicht davon ausgeschlossen wird.

- **Von fünfzehn bis zwanzig:**

Frechheit erkennen. In dieser Altersgruppe geht die Tendenz dahin, auf unverschämte Weise besonders kurz angebunden zu sein. Es gilt unter Jugendlichen dieses Alters nicht als cool, höflich mit den Eltern umzugehen. Grunzen und Knurren, merkwürdige Laute mit vollem Mund (was häufig zu hören ist) oder auch eigenwilliges Schweigen treten an die Stelle unhöflicher Antworten. Besteht man auf richtigen Worten von seinem Kind, so kommen solche Antworten wie: »Kannst du mich nicht mal in Ruhe lassen?« oder: »Siehst du nicht, daß ich beschäftigt bin?« oder: »Das *brauche* ich nicht! Gott im Himmel!« All dies Gejammer ist letztendlich nichts anderes als die übelste und störendste Art von Unverschämtheit.

Eine Konsequenz auswählen. Jugendliche in diesem Alter sind ganz besonders schwierig, weil sie inzwischen längst daran gewöhnt sind, ihren Willen ohne irgendwelche Konsequenzen mit allen Mitteln durchzusetzen. Sollten Sie gerade damit beginnen, sich mit ihren Frechheiten auseinanderzusetzen, so denken Sie einmal an all die Dinge, die sie brauchen und die von Ihnen zur Verfügung gestellt werden – Unterkunft, Essen, Liebe, Zärtlichkeit, Fernsehen, Computer, saubere Wäsche und was Ihnen sonst noch einfällt. Denken Sie immer an zwei wichtige Fakten: Sie stellen diese Dinge zur Verfügung, weil Sie dazu in der Lage sind und weil Sie es wollen, und es handelt sich um Ihr Haus. Sagen Sie dem Kind ein einziges Mal, daß seine Frechheiten Ihre Energie und Ihre Zeit verschwenden. Bevor es zu einer Antwort wie »Da scheint mir ein persönliches Problem vorzuliegen« oder einer ähnlichen Unverschämtheit kommen kann, fügen Sie hinzu, daß Sie Ihre Energie und Ihre Zeit nicht für seine Belange einsetzen werden – wie zum Beispiel sein Saxophon von der Reparatur abholen.

Die Konsequenz durchsetzen. Holen Sie das Saxophon auch wirklich nicht ab. Teilen Sie ihm mit, er könne seiner neuen Freundin sagen, die Einladung zum Abendessen sei gestrichen worden. Machen Sie schnell eine Liste von anderen Dingen, die Sie für ihn erledigen wollten oder die Sie ihm kaufen wollten, so daß Sie weitere Konsequenzen zur Hand haben, sollte es nötig sein.

Sich von der Auseinandersetzung abwenden. Ignorieren Sie seine Proteste, daß nichts in Ihrem Leben soviel Zeit und Energie wert sei wie Ihr Kind, unabhängig vom Verhalten dieses Kindes. Am besten für diese Altersgruppe ist es, über Ihre persönlichen Dinge zu sprechen, unabhängig von unverschämtem Verhalten. Der Teenager sollte mitbekommen, was Sie tun und was Ihnen Spaß macht. Machen Sie weiter, Ihrem fast erwachsenen Kind das Kommunikationsmodell vorzuführen, das Sie sich wünschen.

Behandeln Sie die Mädchen genauso wie die Jungen. Frechheiten und Unverschämtheiten sind bei beiden gleich.

ARBEITSBUCH

Wenn Sie ein Arbeitsbuch führen, schreiben Sie in erster Linie Ihr ganz persönliches Buch zum Thema Frechheiten. Notieren Sie, wie Sie das Vier-Schritte-Programm angewendet haben. Schreiben Sie Ihre Meinung über den Erfolg des Programms nieder, verfassen Sie eine Liste der von Ihnen in die Wege geleiteten Konsequenzen, halten Sie fest, ob sie funktionierten oder nicht. Sie sollten die Unverschämtheiten und Frechheiten Ihrer Kinder dokumentieren und die Hilfsmittel, die Sie in Anspruch nehmen – Leute, die Sie anrufen, und Bücher, die Sie bei Bedarf lesen können.

Natürlich können Sie das Programm auch ohne ein Arbeitsbuch umsetzen, aber mit einem Arbeitsbuch werden Sie wahrscheinlich überzeugter handeln: Es wird Ihnen verstärkt das Gefühl geben, daß Sie die Situation im Griff haben.

Bevor wir mit diesem Kapitel weitermachen, möchten wir Sie aber noch warnen.

Achtung: Dieses Arbeitsbuch ist nur dazu gedacht, Anmerkungen zum Thema freches Verhalten aufzuzeichnen! Schreiben Sie nicht über Ihre Gefühle oder die Maßnahmen, die Sie ergriffen haben, falls Ihr Kind sein Haustier vernachlässigt, seine Geschwister quält oder die Wand anmalt, selbst wenn Sie dieses Verhalten als Teil seines frechen Benehmens sehen.

Warum nicht? In erster Linie deshalb, weil die Beseitigung frecher Verhaltensmuster häufig auch andere nicht akzeptable Verhaltensformen beendet. Zweitens ist es viel besser, sich intensiv mit einer Verhaltensform auseinanderzusetzen, als sich mit zwei oder mehr Varianten zu verzetteln.

Wie Sie ein Arbeitsbuch führen

Nehmen Sie irgendein leeres Heft oder auch ein Ringbuch, bei dem Sie noch weitere Seiten hinzufügen können.

Überlegen Sie sich eine geeignete Uhrzeit, zu der Sie Ihr Arbeitsbuch führen werden. Sollten Sie ein Nachtmensch sein, so bietet sich die Zeit an, wenn Ihre Kinder bereits im Bett sind. Sollten Sie ein Frühaufsteher sein, so schreiben Sie, bevor Ihre Kinder aufgestanden sind oder nachdem sie sich auf den Schulweg gemacht haben.

Sie können auch von Fall zu Fall in Ihrem Arbeitsbuch Notizen machen, den jeweiligen Fortschritt verzeichnen, Konsequenzen aufschreiben, die Ihnen gerade einfallen, oder Hilfsmittel notieren, sobald Sie welche entdecken. Wenn irgend möglich, sollten Sie jedoch eine gewisse Regelmäßigkeit bei der Führung Ihres Arbeitsbuches beibehalten.

Notieren Sie grundsätzlich das jeweilige Datum zu Ihren Aufzeichnungen. Sie werden diese Gewohnheit ganz besonders zu schätzen lernen, wenn Sie Ihre Eintragungen Tage oder Wochen später nachlesen. »Habe ich das wirklich damals gefühlt?« werden Sie denken. »Mein Gott, wie sehr sich die Dinge geändert haben!« Wenn allerdings der vorherige Eintrag ohne Datum ist, werden Sie nicht wissen, wann dieses »damals« eigentlich war.

So fangen Sie an

Halten Sie stets folgende Dinge fest, wenn Sie eine Eintragung in das Arbeitsbuch machen:

1. Beschreiben Sie in Kürze, *was* während eines bestimmten Vorfalls *geschah*, wie Sie sich fühlten und warum.
2. Notieren Sie, welche *Konsequenzen* Sie ergriffen und in welchem Tonfall Sie auf das freche Verhalten reagierten.

3. Beschreiben Sie, wie Sie sich von den *Reaktionen auf Ihre konsequente Haltung* losgemacht haben.
4. Beschreiben Sie, *was danach geschah* und wie Sie reagierten.
5. *Beurteilen Sie* den gesamten Prozeß, und schreiben Sie hinzu, was Sie im nachhinein anders gemacht hätten.

Und so könnte eine Eintragung in das Arbeitsbuch aussehen:

13. Januar

1. Was geschah. Als ich meinen Sohn von der Schule abholte, fragte ich ihn, wie es denn im Unterricht war. Chucky antwortete sarkastisch: »Das fragst du mich jedesmal. Kümmere dich doch um deine Sachen, Mama.« Ich fühlte mich verletzt und zurückgestoßen, weil ich so gern möchte, daß wir nett miteinander reden.

2. Konsequenz. Ich sagte Chucky, daß mich seine Bemerkung verletzt und gestört hätte und daß ich deshalb später meine Zeit und Energie nicht darauf verwenden würde, ihn zur Probe mit dem Schulorchester zu fahren. Ich sagte es in einem sachlichen Tonfall.

3. Abwenden. Als Chucky mich daraufhin ungläubig ansah, stellte ich das Radio an und begann, leise mitzusingen. Seine Blicke ignorierte ich.

4. Was nach dem Abwenden passierte. Chucky erklärte mir mit freundlicher Stimme, daß er unbedingt heute abend zur Probe mit dem Schulorchester müßte, weil er sein Solo einüben müßte. Ich sagte, er könne das ja vielleicht morgen in der Schule nachholen.

5. Beurteilung. Ich ignorierte Chuckys Versuche, mich umzustimmen, obwohl er dabei sehr höflich war. Es funktionierte! Ich rechtfertigte meine Entscheidung nicht, und ich diskutierte auch nicht mit ihm. Ich habe es genau richtig gemacht!

Hier noch ein weiteres Beispiel:

5. Januar

1. Freches Verhalten festgestellt: Als ich von der Arbeit nach Hause kam, teilte Cary mir mit, daß kein Mineralwasser mehr im Kühlschrank sei.

Sie wollte wissen, warum ich nicht daran gedacht hatte, es einzukaufen, obwohl sie mich doch speziell darum gebeten hatte. Ohne auch nur eine Atempause einzulegen, fragte sie daraufhin, wie sie es denn schaffen solle, mit ihrer Diät weiterzumachen, wenn sie nicht einmal Mineralwasser hätte. Sie machte alle ihre Äußerungen im schnippischen Tonfall, verdrehte ihre Augen dabei und zuckte ihre Schultern. Der gesamte Vorfall war ein klares Beispiel frechen Verhaltens. Ihre unfaire Behandlung hatte mich irritiert.

2. Konsequenz: Ich beschloß, sie am Abend nicht zum Einkaufszentrum zu fahren, wo sie ihre Freundin Annie treffen wollte. Ich sagte ihr: »Cary, was du gesagt hast, war respektlos. Und bei Respektlosigkeiten mir gegenüber sind meine Energien sehr schnell verbraucht. Da du meine Energien schon verbraucht hast, werde ich dich auch nicht zum Einkaufszentrum fahren, wie wir geplant hatten. Ich fühle mich zu erschöpft.«

3. Abwenden: Ich ignorierte Carys Geschimpfe. Sie fing regelrecht an, aus Leibeskräften zu schreien. Ich teilte ihr mit, daß ich in den Garten gehen würde, wenn sie mit ihrem Gebrüll weitermachen würde. Sie hörte auf, war allerdings beim Abendessen sehr einsilbig. Ich ignorierte dieses Benehmen.

4. Was nach dem Abwenden passierte: Cary aß wenig, erledigte den Abwasch und ging in ihr Zimmer, um ihre Schulaufgaben zu machen. Dann fragte sie mich, ob ich nicht meine Meinung ändern und sie zum Einkaufszentrum fahren könnte. Ich sagte ihr, daß ich meine Meinung nicht ändern würde. Dann drehte ich mich um und stellte den Fernseher an. Cary fragte nicht noch einmal. Statt dessen rief sie ihre Freundin Annie an und erklärte ihr, daß sie nicht zum Einkaufszentrum kommen könne.

5. Beurteilung: Die Konsequenz war passend. Ich habe nicht mehr viel Energie, wenn ich von der Arbeit nach Hause komme, und ich möchte diese geringen Energiereserven nicht darauf verwenden, unter Frechheiten zu leiden. Es ist mir recht gut gelungen, konsequent auf Carys freches Benehmen zu reagieren und mich dann von ihr abzuwenden. Es wäre allerdings besser gewesen, ich hätte Cary nicht die Wahl gelassen und mein Verhalten von ihrem Geschrei abhängig machen lassen sollen. Ich hätte in dem Moment in den Garten gehen sollen, als sie mit ihrem Geschrei anfing. Ich werde das Wort »wenn« nicht mehr gebrauchen.

Führen Sie eine Liste der Konsequenzen

In einem anderen Teil Ihres Heftes können Sie eine Liste aller Konsequenzen aufstellen, so wie sie Ihnen einfallen, so daß Sie eine geeignete Konsequenz an der Hand haben, wenn es nötig ist. Vielleicht überlegen Sie sich sogar, ein kleines Notizbuch bei sich zu tragen, damit Sie auch tagsüber und unterwegs Ideen für passende Konsequenzen aufschreiben können. Sie können sie dann ja in Ihr Arbeitsbuch übertragen. Denken Sie daran, daß die besten Konsequenzen sich immer um diejenigen Dinge drehen, bei denen Sie Zeit, Energie oder Geld für Ihre Kinder aufwenden.

Eine Warnung: Machen Sie sich keine Sorgen, wenn Ihre Konsequenzen auch einmal Aktivitäten einschränken, die Sie für die Entwicklung Ihrer Kinder für wichtig erachten. Solche Aktivitäten sind Privilegien, keine Rechte oder Verpflichtungen, die den Kindern von den Eltern geschuldet werden.

Das Problem ist doch, daß zum Beispiel Chucky genau weiß, daß seiner Mutter mindestens soviel an seinen musikalischen Aktivitäten liegt wie ihm selbst. Deshalb glaubt er, sie respektlos behandeln zu können, ohne sein Spiel mit dem Schulorchester zu gefährden.

Diese Einstellung ist weder für seine Mutter noch für Chucky von Nutzen. Er muß lernen, daß der Respekt ihr gegenüber Vorrang hat vor irgendwelchen Aktivitäten, die ihm nützen oder gefallen. Seine Mutter macht es *auf jeden Fall* ganz richtig, wenn sie die Fahrten zu den Übungsstunden des Schulorchesters wie auch andere Anstrengungen, bei denen es um Zeit und Geld von ihrer Seite geht, in ihre Konsequenzen einbezieht. Zu solchen anderen Dingen gehören zum Beispiel Ballett und Sport wie auch all die anderen außerschulischen Aktivitäten, die soviel Zeit und Kraft der Eltern beanspruchen.

Diese Aktivitäten sind gesund, produktiv und sie bereichern das Leben; von Ihren Kindern sollten sie als Privilegien angesehen werden, die erst einmal verdient werden müssen. Sonst werden Sie für den Rest der Erziehungszeit von Ihren Kindern als Geisel genommen werden. Oder schlimmer: Ihre Kinder werden den Abbruch dieser Aktivitäten als Drohung Ihnen gegenüber benutzen, um zu erzwingen, daß *Sie* tun, was *sie* wollen.

Besonders wichtig ist: Bei der Auswahl der Konsequenzen sollten Sie darauf achten, daß eine logische Verbindung zu dem frechen Verhalten besteht. Wenn die Frechheiten Ihre Möglichkeiten erschöpft, sei es nun an Zeit, Energie oder Geld, so bleibt eben keine Zeit, Energie oder Geld für irgendeine von den Kindern gewünschte oder erwartete Aktivität. Konsequenzen geschehen auf logische Weise – nicht als Racheakt von Ihrer Seite. Außerdem sollten Sie daran denken, daß logische Konsequenzen sofort erfolgen müssen und von kurzer Dauer sein sollten. Die Entscheidung, Chucky am Abend nicht zum Schulorchester zu fahren, ist eine logische Konsequenz, weil Chucky mittags frech war. Ihm jedoch zu sagen, daß Sie ihn eine Woche lang nicht fahren werden, wäre keine logische Konsequenz mehr. Es wäre eine mutwillige Entscheidung. Warum eine Woche? Warum nicht gleich einen ganzen Monat? Er muß verstehen, daß das freche Benehmen von heute auch eine Konsequenz an diesem Tag nach sich zieht. Wenn er morgen wieder frech ist, wird es morgen eine weitere Konsequenz geben, und so weiter. Dadurch, daß Sie die Konsequenzen nicht über den Tag ausdehnen, an dem die Frechheiten geschehen sind, zeigen Sie Ihr Vertrauen darauf, daß möglicherweise am Tag danach alles ganz anders sein wird.

Vielleicht fragen Sie jetzt nervös: was ist denn mit den wirklich wichtigen, von langer Hand geplanten Ereignissen wie etwa Konzerten oder, sagen wir einmal, Karatewettbewerben? Je wichtiger das Ereignis, desto wirkungsvoller ist auch die Konsequenz.

Und wenn Chucky bei diesem Konzert spielen soll und das gesamte Schulorchester darunter leiden wird, wenn Chucky wegen seines schlechten Benehmens zu Hause bleiben muß? Betrachten Sie die Angelegenheit einmal von einer anderen Seite: Chucky traf die Entscheidung zu seinem frechen Verhalten, also ist Chucky derjenige, der sich mit den Folgen auseinanderzusetzen hat. Ihr Erziehungsjob ist viel wichtiger als jedes Schulorchester. Wenn Chucky krank wäre, würde er das Konzert auch verpassen.

Und wenn Chucky auf den Gedanken käme, zehn Minuten vor der Abfahrt zum Konzert mit seinen Frechheiten zu beginnen und eine ganze Versammlung festlich gekleideter Verwandter bereitsteht, um mit Ihnen zu fahren? In diesem Fall sollte die Konsequenz für Chucky sein, mit jemandem zu Hause bleiben zu müssen, während Sie die Verwandten statt zum Konzert zu einem netten Abendessen einladen. Wenn niemand zur Hand ist, der bei Chucky bleiben könnte, so müssen Sie es eben selbst tun (die Kindererziehung erfordert häufig solche Opfer) und die Verwandtschaft bitten, sich ohne Sie zu vergnügen. Wir empfehlen Ihnen, eine Liste von Babysittern zur Hand zu haben, die auf einen Anruf hin auch zu Ihnen kommen können.

Hören Sie auf keinen Fall auf Bemerkungen, etwa daß Chuckys Verhalten wohl eigentlich Ihre Schuld sei, daß Sie zu weit gingen oder daß Sie ziemlich gemein seien, allen anderen den Spaß zu verderben. Wenden Sie sich eindeutig von Chuckys Bemühungen ab, Sie zu einer Meinungsänderung zu bewegen.

Sagen Sie zu ihm: »Chucky, diese Art von Benehmen werde ich nie dulden. So sind meine Energiereserven im Nu verbraucht. Also werde ich dich nicht zum Konzert fahren. Du wirst zu Hause bleiben.« Zu den Verwandten können Sie sagen: »Weil Chucky frech war, geht er nicht zum Konzert. Er wird mit Mrs. Harper hierbleiben. Sie wohnt direkt gegenüber und kann in fünf Minuten hier sein.« Sie sollten daran denken, daß Sie eine solche Aktion nur ein einziges Mal durchziehen müssen. Chucky wird es nicht noch einmal versuchen, denn inzwischen weiß er, daß Sie auch tun, was Sie sagen, und daß Sie wirklich konsequent sind.

Und vergessen Sie auf gar keinen Fall: Nachdem Sie die Konsequenz angekündigt haben, *sollten Sie unter gar keinen Umständen Ihre Meinung ändern*, egal wie reizend und liebevoll Ihr Kind plötzlich zu Ihnen ist!

Bei der Bewertung Ihrer konsequenten Haltung – der letzte Abschnitt Ihrer Eintragungen – sollten Sie sich selbst gegenüber schonungslos ehrlich sein. Wenn die Konsequenz nicht logisch war oder nicht schnell genug erfolgt ist, so notieren Sie das.

Halten Sie in Ihrem Arbeitsbuch hilfreiche Tips und weitere Informationsquellen fest

Immer, wenn Sie auf dem Spielplatz oder bei Elterntreffen auf Leute stoßen, die Ihre Methode zur Bekämpfung frechen Verhaltens unterstützen, sollten Sie deren Namen und Telefonnummern in einem gesonderten Teil Ihres Arbeitsbuchs auf alle Fälle notieren. Tragen Sie auch die Namen von Selbsthilfegruppen ein, die Ihr pädagogisches Konzept unterstützen. Wenn Sie Bücher zum Thema lesen, notieren Sie sich die Autoren und die Titel, so können Sie Ihre persönliche Bibliographie mit Anmerkungen zu hilfreichen Quellen erstellen und dabei die besonders wichtigen Seitenzahlen auflisten.

Notieren Sie alles oder jeden, der Ihnen sonst noch in irgendeiner Weise hilfreich erscheint. Sie können auch Fernsehsendungen, Filme oder andere Medien berücksichtigen, die wirksame Methoden beim Umgang mit frechem Verhalten demonstrieren.

Ein letztes Wort zum Führen des Arbeitsbuches

Der Grund für die Bezeichnung dieses Heftes ist einfach: Zu seiner Führung wird von Ihnen Arbeit verlangt. Das gesamte Programm zur Bekämpfung von frechem Verhalten erfordert Arbeit, denn es bedeutet, daß Sie Ihr Verhalten Ihrem Kind gegenüber verändern müssen. Veränderungen bedeuten fast immer Arbeit, denn sie treten nie unmittelbar ein und sind auch nie leicht durchzusetzen.

Wie wir bereits ausgeführt haben, besteht der schwierigste Teil dieses Programms darin, zum ersten Mal den Mut aufzubringen und konsequent zu sein. Es wird Ihnen jedoch gelingen, wenn Sie an sich selbst glauben und daran, welche positiven Auswirkungen Ihre Konsequenz für Ihr Kind haben wird.

Und wenn andere Leute, auf deren Urteil Sie große Stücke halten, wie zum Beispiel Lehrer, Verwandte und erwachsene Freunde, Ihnen sagen, daß Ihre Einstellung zum Thema freches Benehmen falsch ist? Seien Sie standhaft – und lesen Sie weiter!

WENN ERWACHSENE KRITIK AM ERZIEHUNGSSTIL DER ELTERN ÜBEN

Viele Erwachsene glauben, daß Frechheiten nicht so schlimm sind. Einige halten sie gar für normal oder gesund. Sie müssen Ihren Standpunkt diesen Leuten gegenüber verteidigen. Spezialisten, die Sie vielleicht zu Rate gezogen haben, etwa Psychotherapeuten, sind austauschbar. Sie können sich neue suchen, deren Ansichten zum Thema freches Verhalten Ihrer eigenen Meinung näher kommen. Mit anderen Leuten wiederum, wie etwa Lehrern, müssen Sie sich dauerhaft auseinandersetzen. In diesem Kapitel werden Sie lernen, sich mit diesen Erwachsenen zu verständigen, ohne daß Sie sich von ihnen überreden lassen, Ihre Einstellung zu frechem Benehmen zu ändern.

Psychiater, Psychologen und Psychotherapeuten

Eine junge Mutter rief kürzlich bei einer Radiosendung an, um der Rede und Antwort stehenden Psychologin ihr Leid zu klagen. Ihr Problem, so schilderte sie, war das vorlaute Verhalten ihres zehnjährigen Sohnes.

»Was für ein Verhalten?« fragte die Psychologin. Offensichtlich hatte sie den Ausdruck noch nie zuvor gehört.

»Sein vorlautes Verhalten«, wiederholte die Mutter. »Er sagt Dinge, die sind, nun ja, die sind einfach vorlaut.«

»Geben Sie mir doch ein Beispiel«, bat die Psychologin.

»Also, gerade am letzten Wochenende, als alle Verwandten bei uns zu Besuch waren, sagte er, ich sei dumm.«

»Wie kam er denn dazu, so etwas zu sagen?«

»Ich bat ihn, etwas zu tun, und er sagte vor allen Leuten, ich sei dumm. Dann drehte er sich um und wiederholte es noch einmal. Solche Sachen sagt er andauernd. Es gefällt mir ganz einfach nicht.«

Mit der Bezeichnung »vorlaut« meinte die Mutter, daß ihr Sohn frech zu ihr sei und daß ihr das ganz und gar nicht gefiel. Es wäre eine hervorragende Gelegenheit für die Psychologin gewesen, sich dem Thema des frechen Verhaltens zu widmen.

Statt dessen fragte sie die Mutter, was sie denn getan habe, damit der Sohn sie für dumm hielt. »Warum sagt er denn nur, Sie seien dumm?« fragte die Psychologin. »Ich meine, was für Dinge tun Sie, die für dumm gehalten werden könnten? Lassen Sie uns einmal darüber sprechen. Woher kommt dieser Eindruck, daß Sie dumm sind?«

Die Mutter antwortete, daß sie es nicht wisse und daß sie nicht davon ausgehe, daß sie dumm sei, und daß der Junge solche Dinge sage, weil er »vorlaut« sei.

»Einen Moment mal«, sagte die Psychologin, »lassen Sie uns doch einmal über Ihr Verhalten sprechen, von dem er meint, daß es dumm sei. Wer weiß, vielleicht ist es etwas, das Sie unter Umständen ändern wollen.«

Diese Antwort ist in zweierlei Hinsicht unzureichend:

Erstens setzte sich die Psychologin nicht mit der Form der Äußerung des Kindes auseinander, sondern konzentrierte sich einzig und allein auf den Inhalt. Sie befaßte sich nur mit einer der vielen kleinen Frechheiten, die der Junge zweifellos seiner Mutter Tag für Tag an den Kopf warf, und versuchte, sie losgelöst vom sonstigen Verhalten des Kindes zu analysieren. Wollte man jede einzelne Beleidigung und jede unverschämte Bemerkung genau unter die Lupe nehmen, dann würde man nie zu einer Lösung des Problems gelangen. Denn dem Jungen würden sicherlich immer wieder neue Varianten einfallen, so daß die Analyse nie ein Ende haben würde.

Zweitens ging die Psychologin davon aus, daß das Verhalten

der Mutter auf irgendeine Weise ihren Sohn veranlaßt hatte, sie als dumm wahrzunehmen, und daß vielleicht *die Mutter* diejenige ist, die *ihr* Verhalten ändern sollte.

Diese Haltung wird dem Jungen nicht zeigen, wie man andere Menschen mit Respekt behandelt. Er wird im Gegenteil auf diese Weise lernen, daß seine Mitmenschen auf *ihr* Verhalten *ihm* gegenüber achten sollten. Und die Mutter hat weiterhin Angst, daß sie sich »dumm« benimmt.

Aber die Einstellung dieser Psychologin zum frechen Benehmen hilft uns nicht weiter. Sie ist nicht willens, zuzugeben, daß freches Verhalten als solches überhaupt existiert, geschweige denn, einzugestehen, daß es sich dabei um Respektlosigkeit handelt.

Einige Erziehungsbücher möchten uns auch davon überzeugen, daß es sich bei frechem Verhalten um eine Ausdrucksform handelt, die bei Kindern in unserer Kultur normal ist. Die Autoren dieser Bücher glauben, daß diese Äußerungen ein Symptom von tieferliegenden psychologischen Problemen sind, die von Psychologen oder Psychiatern diagnostiziert und behandelt werden sollten.

Das folgende Beispiel zeigt deutlich, wie schnell Kinder lernen, die Therapie als Entschuldigung für respektloses Benehmen zu gebrauchen.

Fallbeispiel Nr. 7: Jean arbeitete abends als Babysitter für eine Agentur, und tagsüber war sie bei einem Verlag in New York tätig. Zwei ihrer Schützlinge, siebenjährige Zwillingsjungen, benahmen sich die ersten Male völlig normal, und sie sagten auch ihren Eltern, daß Jean wiederkommen solle. Eines Abends attackierten sie jedoch Jean mit einer Beleidigung nach der anderen. Jean gab ihnen bald zu verstehen, daß sie sich solche Frechheiten nicht länger anhören wolle. Doch die beiden antworteten nur, daß ihr Therapeut gesagt habe, es sei gut, wenn sie die Erwachsenen wissen ließen, wie sie sich fühlen. »Aber nicht diese Erwachsene«, sagte

Jean und zeigte dabei auf sich selbst. Diese Bemerkung löste ein Geschrei aus, das erst dann endete, als die Jungen erschöpft in ihre Betten fielen und einschliefen.

Ein paar Tage später rief der Leiter der Agentur Jean zu sich, um ihr zu sagen, daß der Psychiater der beiden Jungen den Eltern mitgeteilt habe, daß Jean die Kinder um ein Jahr in ihrer Behandlung zurückgeworfen habe und daß sie nie mehr Umgang mit den Kindern haben solle.

Der Vorfall bietet ein gutes Beispiel dafür, wie professionelle Erziehungsfachleute Eltern beim Idealisieren und Verwöhnen ihrer Kinder ermutigen können. Eine Therapie sollte dafür werben, andere Menschen zu respektieren, und den Kindern entsprechend Hilfestellung gewähren.

Als Eltern haben Sie die Aufgabe, Grenzen zu setzen, Grundregeln aufzuzeigen und Ihren Kindern auf positive Art und Weise Zugehörigkeit zu vermitteln. Eine der Grenzen, die Kinder lernen müssen, ist diese: Freches Verhalten wird nicht akzeptiert.

Wenn Sie mit Ihrem Kind wegen seines frechen Verhaltens zu einer Beratung gehen, sollten Sie sich die folgenden Fragen stellen:

- Dürfen Sie bestimmen, was freches Verhalten ist? Oder übernimmt der Therapeut das für Sie?
- Wenn Sie sagen, daß Ihnen die Art und Weise nicht gefällt, wie Ihr Kind mit Ihnen spricht, geht der Therapeut dann auf Ihre Gefühle ein oder versucht er, Ihnen Schuldgefühle einzureden, weil Sie das Benehmen Ihres Kindes nicht gut finden?
- Sind Sie in der Lage, die Ratschläge des Therapeuten allein zu verwirklichen, oder wäre es Ihnen lieber, er würde ständig präsent sein?
- Ist der Therapeut respektvoll, entschlossen und freundlich zu Ihrem Kind?

Die Antworten zu diesen Fragen zeigen Ihnen, wie gut der Therapeut Ihr Bedürfnis nach einem respektvollen Miteinander in der Familie versteht und unterstützt. Wenn er oder sie Ihre Einstellung nicht teilt, sollten Sie vielleicht darüber nachdenken, zu einem anderen Therapeuten zu gehen, der Ihren Vorstellungen besser entspricht.

Lehrer und anderes Schulpersonal

Es gibt viele hervorragende Lehrer, die durch ihre Persönlichkeiten bereits dafür sorgen, daß nicht freches Benehmen, sondern respektvolles Verhalten bei ihren Schülern gefördert wird. Sobald die Kinder bei diesen Lehrern das Klassenzimmer betreten, wissen sie, wie sie sich zu benehmen haben, und verhalten sich dann interessanterweise auch so, weil ihnen an der positiven Meinung dieser Lehrer etwas liegt.

Andere Lehrer mögen jedoch Ihre Einstellung gegenüber Unverschämtheiten nicht teilen. Diese Lehrer fallen häufig in die folgenden Kategorien:

- **Der Typ »Guter Kumpel«.**

Diese Lehrer scheinen Freude an den Frechheiten der Kinder zu haben. Sie denken offenbar, daß Frechheiten lustig sind (was häufig stimmt, wenn auch auf eine verletzende Art und Weise), mutig und Zeichen eines gesunden Willens, den Unterrichtsgegenstand in Frage zu stellen.

- **Der »Zähneknirscher«.**

Diese Lehrer finden keinen Gefallen an frechem Benehmen, setzen sich aber nicht damit auseinander, sondern ignorieren die frechen Schüler einfach.

- **Der »Ermöglicher«.**

Diese Lehrer unterstützen freches Verhalten bei bestimmten Schülern (häufig zu Lasten der anderen Schüler), ob sie nun dieses Verhalten gut finden oder nicht. Sie sind stolz darauf, mit

Frechheiten genauso umgehen zu können, als wären es normale Äußerungen.

- **Der »Zuhörer«.**

Diese Lehrer haben, um es deutlich zu sagen, schlicht Angst vor der Macht eines frechen Schülers. Also überlassen sie solchen Kindern die Kontrolle über die Klasse. Die vorlauten Schüler können den Unterricht nach Lust und Laune stören, den Lehrer lächerlich machen und ihn an besonders schlechten Tagen sogar mit bösartigen Beleidigungen kränken. Für diese Lehrer sind gute Tage solche, an denen der freche Schüler fehlt. Gegen Mitte des Schuljahres haben allerdings auch andere Kinder die Kunst frechen Verhaltens so gut erlernt, daß sie für Ersatz sorgen, sollten die ursprünglichen Problemverursacher einmal nicht zur Stelle sein.

Alle vier Lehrertypen können für gewisse Zeit mit frechem Verhalten fertigwerden. Der Fairneß halber sollte gesagt werden, daß ihnen oft wirklich nicht viel anderes übrigbleibt. Anderes Verhalten könnte zu Beschwerden der Eltern führen – es gibt ja viele Eltern, die sich beschweren, wenn ihr Kind behauptet, in der Schule, aus welchem Grund auch immer, zu streng behandelt worden zu sein. Dennoch vermitteln die eben angeführten Verhaltensweisen der Lehrer den Schülern zwei wichtige Botschaften: Freches Verhalten bringt ihnen mehr Aufmerksamkeit oder gar Bewunderung ein. Und freches Verhalten zieht keine Konsequenzen nach sich.

Es gibt Erzieher und Lehrer, die freches Benehmen von Kindern für ein Zeichen dafür halten, daß diese Kinder zu Hause vernachlässigt werden. Als der dreijährige Sohn von Audrey Ricker durch sein aggressives und dominierendes Verhalten für Probleme sorgte, erklärte ihr die Erzieherin, daß Dr. Ricker dem Kind durchaus helfen könne. Sie solle ihm beispielsweise mehr Zeit widmen und ihn ermuntern, seinen Gefühlen freien Lauf zu lassen, dürfe aber niemals mit ihm laut werden. Sie konnte einfach nicht wissen, daß Dr. Ricker bereits ihr ganzes Leben nach diesem Kind ausgerichtet hatte. Sie blieb vierundzwanzig Stunden am Tag mit ihm zu Hause, begleitete ihn zu allen Aktivitäten und war höchst frustriert, eben weil sie ihm erlaubte, seinen Gefühlen freien Lauf zu lassen.

Es gibt jedoch noch einen weiteren Grund, warum Erzieher Frechheiten tolerieren: der Einfluß der Pädagogik auf die Schulen. Es ist nicht etwa so, daß die progressive Pädagogik die Verantwortung für Respektlosigkeit im Klassenzimmer trüge. Aber sie wurde von einigen Anhängern so ausgelegt, daß den Kindern im Unterricht die Freiheit gegeben werden müßte, zu tun und lassen, was ihnen in den Sinn kommt. Während die Schule früher Inbegriff für Disziplin und autoritäre Strukturen war, begann man bereits in den zwanziger Jahren, alternative Erziehungsphilosophien zu berücksichtigen. Einige Modelle erlaubten den Kindern, das zu lernen, was sie lernen wollten und wann sie es lernen wollten. Selten wurde von ihnen verlangt, noch anderes zu lernen. Die Lehrer waren angehalten, jede einzelne Äußerung und Anstrengung des Kindes zu loben, sogar solche, die nicht paßten oder falsch waren. Beispielsweise wurde jeder Versuch, ein Wort zu buchstabieren, mit lautem Lob als »kreativ« eingestuft, völlig unabhängig von der Richtigkeit des Versuches.

Heute wird den meisten Lehrern gesagt, daß, *wenn sie gute Lehrer sind*, die Kinder freiwillig mitarbeiten werden. Sollte es dem Lehrer nicht gelingen, das Kind dazu zu bringen, von sich aus mitzumachen, so hat er zwei Möglichkeiten zur Auswahl: Er kann sich selbst die Schuld geben – wobei alle anderen, einschließlich des Schulleiters und der Eltern des Kindes, ihm vermutlich recht geben werden –, oder er kann versuchen, dafür zu sorgen, daß dem Kind offiziell Lernschwierigkeiten oder emotionelle Probleme attestiert werden.

Wenn der Lehrer Ihres Kindes freches Verhalten im Klassenzimmer zuläßt, so sollten Sie ihm mitteilen, wie Sie mit diesem Benehmen zu Hause umgehen. Sie sollten Ihrem Kind sagen, daß Sie zwar nicht kontrollieren können, was Lehrer in ihren Klassenzimmern tun, daß Sie jedoch nicht nur zu Hause, sondern auch in der Schule gutes Benehmen erwarten und daß respektloses Verhalten zu Hause Konsequenzen nach sich ziehen wird.

Verwandte

Familien, die bei der Kindererziehung einer Meinung sind, erleichtern den Umgang miteinander. Die Kinder können zur Tante, zu ihrem Vetter oder zu den Großeltern gehen und werden überall willkommen sein, weil sie genau wissen, wie sie sich in jedem Haushalt zu benehmen haben.

Einige Verwandte mögen allerdings für Ihre Kinder viel Spaß bedeuten, für Sie jedoch eher viel Streß.

- **Die Erziehungsexperten.**

Diese Verwandten behaupten, aus Instinkt haargenau zu wissen, wie die Kinder anderer Leute erzogen werden müssen. Jeder Ansatz, der sich in irgendeiner Weise von ihrem eigenen unterscheidet, trifft auf Widerstand und Sabotage.

- **Verwandte, die an die Unfehlbarkeit männlicher Kinder glauben.**

Diese Verwandten glauben, daß Eltern, insbesondere Mütter, absolut keine Berechtigung dazu haben, den verhätschelten männlichen Sprößling auf irgendeine Art und Weise zu tadeln oder zu korrigieren.

Das nächste Fallbeispiel zeigt die Fixierung einer Großmutter auf den Enkelsohn.

Fallbeispiel Nr. 8: Die Mutter von Zina und Rob hatte ihre Kinder recht ungleich aufgezogen. »Als kleines Mädchen durfte ich nie meine Launen zeigen und mußte immer für andere da sein«, sagte Zina. »Auf der anderen Seite war Robs schlechte Laune etwas, wovor man sich zu fürchten hatte und die es zu besänftigen galt.« Dann fügte sie hinzu: »Rob war drei Jahre jünger als ich, und während meiner Kindheit hörte ich ununterbrochen von meiner Mutter: ›Zina, hör auf zu nörgeln. Du gehst allen auf die Nerven.‹ Wenn aber Rob weinte, so sagte sie: ›Oh, der kleine Rob beschwert sich. Ich muß doch mal sehen, was er möchte.« Der Tonfall ihrer Mutter wies auf subtile Weise darauf hin, daß es irgendwie auch Zinas Schuld war, wenn Rob nicht zufrieden war.

Zinas erstes Baby war ein Junge. »Er war von Anfang an dominierend und frech. Meine Mutter sagte, es sei alles in bester Ordnung und ich solle ihn so behandeln, wie sie Rob behandelt hätte.« Aber Zinas Ehemann überzeugte sie bald davon, daß sie, sollte sie auf ihre Mutter hören, einen Sohn bekommen würde, der Rob ähnlich sein würde. Aus ihm war ein schwieriger Mensch geworden, dem es nicht gelang, einen Arbeitsplatz länger zu behalten.

Zina stimmte ihrem Mann zu und setzte sich über die Ratschläge ihrer Mutter hinweg. Ihrem Sohn wurde beigebracht, anderen Menschen Respekt entgegenzubringen. Zinas Sohn ist inzwischen verheiratet und hat selbst eine Tochter. »Und wissen Sie, was passiert ist?« fragt Zina. »Als mein Sohn und seine Frau meine Eltern das erste Mal mit dem Baby besuchten, war meine Mutter völlig außer sich. Sie fand, das Baby sei unerträglich weinerlich und nervig. Und dieses kleine Mädchen war doch erst drei Wochen alt!«

Dieses Fallbeispiel zeigt, daß Verwandte häufig, so gut sie es auch meinen mögen, andere Pläne mit Ihren Kindern haben als Sie. Zinas Mutter ging es darum, daß Jungen angebetet werden sollen, daß sie niemals leiden sollen, daß sie nie zur Verantwortung gezogen werden für das, was sie sagen und tun. Auf der anderen Seite werden die Mädchen dazu erzogen, dienstbar zu sein und Schuldgefühle zu entwickeln.

Um fair zu sein, müssen wir allerdings zugeben, daß einige Verwandte dieses Vorurteil in bezug auf die Geschlechterrollen umdrehen. Sie verwöhnen die Mädchen auf Kosten der Jungen.

- **Die Schwiegereltern.**

Einige Schwiegereltern sind der Meinung, daß Ihr Kind eigentlich zu ihnen gehört, weil das Kind Eigenschaften von Personen ihrer Familie hat. Ihre Rolle beschränkt sich auf die einer Kinderfrau und später auf die Rolle einer Gouvernante. Natürlich haben Sie in der Rolle einer Angestellten kein Recht, freches Benehmen festzustellen, geschweige denn, sich damit auseinanderzusetzen. »Laß sie auf jeden Fall immer schreien, wenn es nicht nach ihrem Willen geht«, bekommt Karen von ihrer Schwiegermutter zu hören, als ihre vierjährige Tochter gerade einen Wutanfall hat. »Da zeigt sich nur ihr Willen. Sie ist da mir viel ähnlicher als dir. Deshalb weiß ich auch besser, was sie wirklich braucht!«

- **Die lieben Großeltern.**

Die Altersgruppe, die am meisten Zeit vor dem Fernseher verbringt – in Amerika sind es etwa vierzig Stunden pro Woche –, sind Frauen und Männer über fünfundfünfzig. Wie wir noch im Kapitel »Umgang mit Frechheit in Fernsehen und in anderen Medien«, s. Seite 110, sehen werden, tauchen gerade in den Familienserien im Fernsehen häufig vorlaute und freche Kinder auf. Auf meine Frage, warum sie vierzehn Familienserien (ja, vierzehn!) mit religiöser Inbrunst verfolge, erklärte mir eine dreiundsechzigjährige Frau freundlich schmunzelnd: »Die Familien in den Serien sind so nett, und die Kinder sind so niedlich, ganz wie meine eigenen kleinen Enkelkinder.«

Vielleicht sind Sie ja als Kind dazu angehalten worden, freches Benehmen zu vermeiden. Da Ihre Eltern inzwischen aber Großeltern geworden sind, sehen sie ihre Enkelkinder als perfekt an. Frechheiten finden sie extrovertiert, lebhaft und bewundernswert – solange sie nicht gegen sie gerichtet sind. Das bedeutet, daß Ihr Kind zu der Auffassung gelangt, daß es ohne weitere Folgen frech zu seinen Eltern sein kann, solange nur die schützenden Großeltern dabei sind.

Die fünfundzwanzigjährige Wilma wird mit diesem Problem jedesmal konfrontiert, wenn sie ihren zweieinhalbjährigen Sohn Jerry bei ihren Eltern für einen Nachmittag abgibt. Wenn sie ihn abholen will, schreit er sie an: »Geh weg!« Er beschimpft sie, und wenn Wilma ihren Sohn zurechtweist, so meint ihre Mutter besänftigend: »Nun, laß man, der kleine Jerry meint es doch nicht so.

Er hat nur noch kein Nickerchen gemacht.« Oder er hat noch nicht zu Mittag gegessen, noch keine Schokolade bekommen, oder er war noch nicht im Park spielen, und außerdem ist er doch sicherlich traurig, daß er jetzt schon nach Hause muß. Jerry nennt seine Mutter zu Hause nie »Stinkbär«, weil er weiß, daß ihn dann unliebsame Konsequenzen erwarten. Hingegen kann er sich bei Oma und Opa fast alles ohne irgendwelche Probleme erlauben.

Wilma sollte schnellstens das Vier-Schritte-Programm anwenden. Sie sollte die Versuche ihrer Eltern, sich in die Erziehung ihres Sohnes einzumischen, einfach ignorieren. Sie sollte sich vielmehr direkt an Jerry wenden und ihm klarmachen, daß sie sein freches Verhalten nicht akzeptiert und daß sie ihn aus diesem Grunde sofort mit nach Hause nimmt, obwohl sie eigentlich vorgehabt hatte, noch eine Weile zu bleiben. Sie würde auch unterwegs für keinerlei Vergnügung anhalten. Sobald sie ein solches Vorgehen zur Routine macht, werden ihr die Großeltern bald Unterstützung gewähren beim Kampf gegen die Frechheiten, denn sie werden sehen, daß ihre Tochter es ernst meint. Außerdem werden sie nicht wollen, daß Jerrys Besuche immer auf diese Weise abgekürzt werden.

Es gibt zwei Methoden, um mit der Einmischung der Verwandten fertigzuwerden:

1. Erklären Sie Ihrem Kind, daß alle Verwandten unterschiedliche Vorstellungen davon haben, was zum richtigen Benehmen gehört, aber daß einzig und allein Ihre Auffassung maßgebend ist.
2. Trennen Sie die Regeln Ihrer Familie von den Regeln der weiteren Verwandtschaft. Zina und ihr Mann fanden diesen Ratschlag entscheidend bei der Erziehung ihres Sohnes.

Freunde

Die Freunde, die Ihren Standpunkt zu frechem Verhalten am heftigsten kritisieren, sind wahrscheinlich diejenigen, deren Kinder entweder noch nie frech waren, oder aber diejenigen, deren Kinder sich durch andauerndes freches Benehmen auszeichnen. Vielleicht sind Ihre Freunde auch wie Tricia in der nächsten Fallstudie. Dabei geht es um kinderlose Leute, die alles wissen, was man über Kindererziehung wissen muß, und die Frechheiten als eine Art freier Rede ansehen, die auf jeden Fall entschuldigt werden müssen.

Fallbeispiel Nr. 9: Hannah hatte mit ihren beiden sechsjährigen Zwillingsmädchen das Vier-Schritte-Programm gegen freches Verhalten begonnen. Früher war es bei ihr zu Hause häufig zu unangenehmen Szenen und zu unverschämten Ausbrüchen gekommen, nun aber ging es sehr friedlich bei ihr zu. Hannahs Ehemann Jacques war begeistert von dieser neuen Atmosphäre. Aus den Zwillingen waren zufriedene Kinder geworden, die sowohl in der Schule als auch in ihren Musikstunden viel Erfolg hatten.

Dann kam Hannahs Freundin Tricia zu Besuch. Hannah kannte Tricia noch von der Universität. Sie war Pädagogin und hatte sich in ihren Studien auf die frühkindliche Entwicklung konzentriert. Tricia hatte nie geheiratet oder Kinder bekommen und absolvierte gerade ein Fortbildungsjahr. Ansonsten unterrichtete sie an einer großen amerikanischen Universität. Hannah war sich sicher, daß Tricia von den Zwillingen begeistert sein würde.

Am ersten Tag ihres Besuches spielte Tricia fast ununterbrochen mit den Kindern, und sie hatte offensichtlich viel Vergnügen dabei. »Ich habe das Gefühl, noch einmal sechs zu sein!« sagte sie am Abend zu Hannah. Am zweiten Tage des Besuches versuchten die Zwillinge jedoch, durch freches Verhalten aufzufallen. Als Hannah sie bat, den Tisch zu decken, sagte eins der beiden Mädchen: »Du kannst mich zu nichts zwingen.« Ihre Schwester fiel ein: »Mich auch nicht.« So hatten sie sich früher ihrer Mutter gegenüber andauernd verhalten. Hannah zögerte keine Minute. Sie verhängte sofort die entsprechende Konsequenz. »Solche Redensarten toleriere ich nicht«, sagte sie in aller Ruhe. »Deshalb könnt ihr nicht mit uns zu Abend essen, und wir werden auch nicht nachher mit euch zum Jahrmarkt gehen. Mrs. Harper kommt gleich, um auf euch aufzupassen.«

»Aber Hannah«, rief Tricia und zog die Zwillinge schützend zu sich. »Sei doch nicht so streng! Sie haben doch nichts Falsches gesagt.« Hannah wußte jedoch, was sie zu tun hatte. Sie brachte die Zwillinge ins Kinderzimmer. Als sie in die Küche zurückkam, begann sie damit, die Tabletts fürs Abendessen vorzubereiten. Dabei versuchte sie, Tricia zu ignorieren, die sie mit ungläubiger Ablehnung ansah. »So gehe ich jetzt mit frechem Verhalten um«, erklärte sie Tricia in sachlichem Ton. Tricia war entsetzt. »Aber Hannah«, rief sie. »Sei doch nicht so ein Diktator! Die Mädchen haben sich doch nur einen kleinen Spaß mit dir erlaubt.«

Hannah war irritiert. Das Vier-Schritte-Programm war für sie ein großer Schritt nach vorn gewesen. Sie hätte es gern gesehen, wenn diese liebe Freundin das verstanden hätte. Dennoch beschloß sie, keinen Verteidigungsversuch zu unternehmen. »Ich kann verstehen, was in dir vorgeht, Tricia. Aber so gehen wir hier bei uns mit patzigen Antworten um«, sagte sie mit fester Stimme. Dann rief sie Mrs. Harper an.

Tricia versuchte während ihres Besuches noch einige Male, Hannahs Vier-Schritte-Programm zu sabotieren. Da sie wußten, daß ihre neue Freundin Tricia immer auf ihrer Seite war, versuchten die Zwillinge, in einige ihrer frechen Verhaltensmuster von früher zurückzufallen. Hannah gab jedoch kein einziges Mal nach. Sie bestand auf der Durchsetzung der vier Schritte, und sie war außerordentlich erleichtert, als Tricia sich endlich verabschiedete. Sie hatte gelernt, daß Freunde es zwar gut meinen können mit ihren Ratschlägen zur Kindererziehung, daß man ihnen aber nicht gestatten durfte, sich bei funktionierenden Erziehungsmethoden einzumischen.

Einen Monat nach Tricias Besuch wurde Hannah schließlich für ihre Ausdauer belohnt. Sie erhielt eine E-Mail von Tricia, in der ihre Freundin berichtete, wie der zweiwöchige Besuch bei einer anderen Freundin verlaufen war. Diese Freundin hatte drei Kinder, und Tricia hatte die Kinder im Hause ihrer Freundin »so unglaublich dreist« erlebt, daß »das ganze Haus außer Kontrolle zu sein schien. Weil ich versuchte, mich mit den Kindern anzufreunden, ließen mich deren Eltern prompt drei ganze Tage mit ihnen allein, während sie über das Wochenende verreisten. Ich konnte es einfach nicht glauben! Was für ein Alptraum! Die Kinder waren so fürchterlich zu mir, so unverschämt, und das die ganze Zeit. Niemand respektierte mich, weder die Kinder noch ihre Eltern. Mein Besuch bei euch war im Vergleich richtig nett und wunderschön. Vergib mir bitte, daß ich Dir so auf die Nerven gegangen bin.«

Hannahs Fall zeigt eindeutig, daß man mit Freunden, die Ihre Erziehungsmethode nicht gutheißen, keine Diskussionen beginnen sollte. Sparen Sie sich Ihre Kräfte für andere Dinge auf. Verzichten Sie darauf, diese Leute davon überzeugen zu wollen, das Sie ein Recht dazu haben, Ihre eigenen Kinder so zu behandeln, wie es Ihnen richtig erscheint. Entweder sollten Sie solche Freunde meiden, oder Sie sollten sie nur dann sehen, wenn Ihre Kinder nicht bei Ihnen sind.

Wenn Sie wissen, daß Ihre Freunde Zeuge dabei werden, wenn Sie mit Ihren Kindern konsequent sind, so sollten Sie ihnen vorher erklären, was vielleicht geschehen kann und warum Sie so handeln. Sagen Sie ihnen vorher, daß es, wenn Sie beispielsweise Ihr freches Kind aufs Zimmer bringen müssen und es weiter lautstark protestiert, unter Umständen das Gespräch kurz unterbrechen wird, daß es sich aber hierbei auf keinen Fall um ein Signal zum Aufbruch handelt. Die Unterhaltung könne in wenigen Augenblicken fortgesetzt werden.

Was jedoch jene Freunde angeht, die meinen, Sie seien beispielsweise zu analfixiert, obsessiv oder inkompetent, so denken

Sie daran, daß diese Freunde nicht mit Ihren Kindern leben müssen und daß sie auch nicht für die Erziehung und den Charakter *Ihrer* Kinder verantwortlich sind. Geben Sie auch nicht der Versuchung nach, zu sagen: »Wartet nur, eines Tages, wenn ihr es am wenigsten erwartet, werden eure Lieblinge euch auch mit Frechheiten traktieren.« Vielleicht sollten Sie auch solchen Freunden eine Weile aus dem Wege gehen, bis Sie sich bei der Durchsetzung des Programms gegen freches Verhalten stärker fühlen. Sie sollten es keineswegs zulassen, daß solche Leute die Kommunikationsregeln unterbinden, die Sie in Ihrem Hause haben möchten.

Geschiedene Ehepartner

Sie sollten auf jeden Fall versuchen, Ihrem ehemaligen Ehepartner zu erklären, was Sie als Reaktion auf unverschämtes Verhalten unternehmen. Der frühere Partner kann kooperativ sein oder mehr dazu neigen, das Kind zu verwöhnen, oder aber er kann auch eine strengere Haltung einnehmen. In allen Fällen sollten Sie Ihren Kindern erklären, daß sie lernen können, mit zweierlei Spielregeln zu leben – mit Ihren und mit den Regeln des anderen Elternteils.

Weisen Sie Ihren einstigen Partner darauf hin, daß Sie Ihr Leben ohne Frechheiten und Unverschämtheiten gestalten möchten, damit Sie als Alleinerziehender Erfolg haben. Sie haben keine Zeit für Respektlosigkeiten, Trotzreaktionen und ähnliche Verhaltensweisen Ihrer Kinder, die nur Ihre Kräfte aufzehren. Ihr ehemaliger Partner muß das Programm nicht unbedingt bei sich zu Hause durchsetzen, sollte allerdings den Kindern ans Herz legen, es bei Ihnen zu respektieren.

Kinderfrauen

Finden Sie heraus, warum Ihre Kinderfrau Ihren Standpunkt zu frechem Verhalten nicht gutheißt. Möglicherweise liebt sie Ihr Kind und erträgt es nicht, dem Kind auf irgendeine Weise streng gegenüberzutreten. Vielleicht kümmert sie sich ja noch um andere Kinder und kann sich nicht nur Ihrem Kind widmen.

Die beste Lösung ist es in einem solchen Fall, eine neue Kinderfrau zu suchen. Wenn das nicht zur Diskussion steht, so sollten Sie Ihrer Kinderfrau das Vier-Schritte-Programm erläutern. Ermutigen Sie sie, Ihnen Hilfe und Unterstützung bei der Durchsetzung des Programms zu gewähren. Sagen Sie ihr, daß sie viel mehr Freude an Ihrem Kind haben wird, wenn sie Sie aus vollem Herzen unterstützt.

Versuchen Sie, etwa alle zwei Tage mit ihr zu sprechen, und erzählen Sie ihr bei diesen Gelegenheiten, welche Fortschritte Ihr Programm zu Hause macht. Fragen Sie, ob sie schon Änderungen im Verhalten des Kindes festgestellt hat.

Ihr Gespräch könnte etwa so verlaufen:

Sie: Hallo, Mary. Ich würde gern wissen, ob Jimmy wieder frech zu Ihnen war.

Mary: Na ja, ein bißchen, als die anderen Jungen mich ärgerten. Er will so wie die anderen Jungen sein.

Sie: Und was haben Sie getan?

Mary: Die anderen Jungen mußte ich ja in Ruhe lassen. Aber Jimmy habe ich sofort in den Pausenraum geschickt.

Sie: Wie lange ist er dort geblieben?

Mary: Eine halbe Stunde.

Sie: Und wie verhielt er sich, als er wieder zurückkam?

Mary: Viel besser. Ich wollte, ich könnte das mit all den anderen Kindern auch machen, aber die sind schon total außer Rand und Band.

Sie: Tolle Arbeit! Sie können das wirklich gut! Ich habe viel länger gebraucht, bis ich schließlich die Konsequenzen so gut durchsetzen konnte.

Ihr Gespräch könnte auch den folgenden Verlauf haben:
Sie: Was haben Sie denn getan, als Jimmy unverschämt wurde?
Mary: Ich konnte gar nichts tun. Er und die anderen Jungen sind wie ein Rudel junger Hunde.
Sie: Vielleicht sollten Sie das nächste Mal versuchen, nur bei Jimmy konsequent zu sein. Schicken Sie ihn doch einfach in den Pausenraum.
Mary: Dann würde er sicher sagen, daß er auch nicht schlimmer war als die anderen Jungen.
Sie: Nun, Sie könnten ihm sagen, daß Sie genau wissen, was seine Mutter tun würde, und daß Sie das jetzt in die Hand nehmen. Das wird er verstehen. Und Sie täten mir wirklich einen großen Gefallen.
Mary: Gut, ich könnte es mal versuchen.
Sie: Ich weiß, daß es nicht einfach ist. Aber Sie werden sicherlich herausfinden, wie es klappt.
Mary: Ich werde versuchen, daran zu denken.
Sie: Toll! Versuchen Sie es einfach. Sie werden schon sehen, daß es irgendwann einmal klappt!

In der Zwischenzeit sollten Sie sich weiter nach einer Kinderfrau umsehen, die bereit ist, auf Ihre Wünsche einzugehen, und die Ihnen hilft, bei Ihren Kindern das Programm durchzusetzen.

Wie Sie sicherlich inzwischen gemerkt haben, werden Sie eine Menge Selbstvertrauen brauchen, um sich mit all diesen Leuten auseinanderzusetzen, die Ihre Einstellung kritisieren. Vertrauen Sie ganz einfach auf Ihr eigenes Urteil, und Sie werden Erfolg haben. Die anderen Leute haben normalerweise keine Ahnung, was bei Ihnen zu Hause wirklich geschieht. Nur Sie können Veränderungen durchsetzen. Nur Sie wissen, wenn Ihre Kinder unverschämt zu Ihnen sind.

ALLEINSTEHENDE ELTERN UND FRECHHEIT

Alleinstehende Eltern haben oft mehr Probleme mit dem frechen Verhalten ihrer Kinder als Eltern mit Partnern.

Und das dürften die Gründe sein:

1. Die Kinder alleinstehender Eltern werden oft als Freunde ihrer Eltern erzogen. Sie haben gleiches Stimmrecht im Hause. Das ist ein Privileg, mit dem die wenigsten Kinder umgehen können oder umgehen sollten. Sie versuchen zwar, sich so erwachsen zu verhalten, daß sie als Kumpel angesehen werden können, aber ihre Version witziger Antworten im Stil erwachsener Menschen artet in Wirklichkeit in Frechheiten aus.

2. Die Kinder in den Familien alleinstehender Eltern fühlen sich oft in vielerlei Hinsicht benachteiligt:

   - Sie haben nicht Vater und Mutter.
   - Sie sehen den anderen Elternteil nicht so häufig, wie sie gern möchten.
   - Sie müssen die Rolle des Vaters oder der Mutter im Haus übernehmen, obwohl sie eigentlich lieber spielen würden.
   - Sie haben nie genug Geld.
   - Sie bekommen nie genug Aufmerksamkeit.

Wir wollen damit nicht sagen, daß solche Herausforderungen schädlich oder schlecht wären (häufig entwickeln diese Kinder einen bewundernswerten Sinn für Verantwortung), aber diese Defizite führen oft dazu, daß solche Kinder sich benachteiligt fühlen, und dieses Gefühl kann durch freches Verhalten zum Ausdruck kommen.

3. Die Freunde der Kinder von alleinstehenden Eltern sind häufig auch Kinder alleinerziehender Eltern. Diese Kinder neigen dazu, Frechheiten gutzuheißen und sogar einander zu schlechtem Benehmen zu ermutigen.

4. Freches Verhalten von Kindern Alleinerziehender ist häufig von Erfolg gekrönt. Der alleinstehende Elternteil fühlt sich oft so erschöpft, einsam, besorgt und voller Schuldgefühle, daß dieses freche Verhalten irgendwie als vom Elternteil verursachtes Phänomen eingestuft wird und daß schon aus diesem Grunde dem Kind nachgegeben wird.

5. Alleinstehende Eltern haben niemanden, mit dem sie sich zu Hause über das Verhalten ihres Kindes unterhalten können oder bei dem sie Rat einholen können. Deshalb kann es vorkommen, daß dieser Elternteil es gar nicht feststellt, daß die Frechheiten eigentlich nicht zur normalen Kommunikation gehören, da niemand zugegen ist, um auf diese Tatsache hinzuweisen.

6. Die ungebrochene Bewunderung des alleinerziehenden Elternteils für sein Kind kann so unrealistische Formen annehmen, daß plötzlich geglaubt wird, die Unverschämtheiten wären genau so wundervoll wie alle anderen Äußerungen dieses Kindes. Die Verletzungen, die die Frechheiten dieses Kindes auch hervorrufen, werden von der intensiven Liebe zu diesem Kind betäubt.

Aber keiner dieser Gründe macht das freche Verhalten akzeptabel. Vielmehr sollten gerade die Kinder alleinerziehender Eltern davon Kenntnis bekommen, daß freches Benehmen nicht zulässig ist. Sie müssen mit weniger Hilfe als andere Kinder auskommen und sollten deshalb ganz besonders klar erkennen, daß freches Verhalten ihre Chancen auf Glück und Erfolg im Leben vermindert, statt sie zu vermehren.

Alleinerziehende und das Vier-Schritte-Programm

In mindestens einer Hinsicht hat der alleinerziehende Elternteil, trotz der vielen Probleme, vielleicht mehr Glück als Eltern mit Partnern – es gibt wenigstens niemanden zu Hause, der die Anstrengungen, einen Plan gegen freches Verhalten durchzusetzen, auf irgendeine Art durchkreuzen könnte.

An erster Stelle muß der alleinerziehende Elternteil entscheiden, was die Konsequenzen bei Unverschämtheiten sein können. Am Wochenende nicht zu Burger King gehen? Am Freitagabend nicht ins Kino gehen? Keine Freunde zum Übernachten einladen dürfen? Diese Dinge könnten alle Konsequenzen sein, wenn sie auf logische Weise eine Verbindung zu den jeweiligen Frechheiten haben und wenn sie in sachlichem Ton und ohne Verbitterung ausgesprochen werden. Beispielsweise könnte eine Mutter sagen: »Dieser Ton und solche Bemerkungen sind bei uns nicht zulässig. Die Art und Weise, wie du mit mir sprichst, verschwendet meine Zeit und meine Kraft. Deshalb werde ich auch keine Zeit und Energie darauf verwenden, mit dir zu Burger King zu fahren.«

Zweitens müssen alleinstehende Eltern verstehen lernen, daß ihre Kinder nicht ihre Freunde sind. Sie sind vielmehr Kinder, die Eltern brauchen.

Und drittens muß der alleinerziehende Elternteil herausfinden, was getan werden kann, um das Leben mit dem Kind besser zu gestalten. Sollte er vielleicht mehr Zeit mit dem Kind verbringen und weniger mit seinen erwachsenen Freunden? Oder sollte er weniger Zeit mit dem Kind verbringen und sich mehr seinen eigenen Aktivitäten widmen?

Annie erzieht ihre Zwillingstöchter allein, und sie hatte sich von den Kinderchorproben und Gesangsveranstaltungen ihrer Kinder so sehr ihre Zeit ausfüllen lassen und war so sehr in diesen Aktivitäten aufgegangen, daß sie praktisch kein eigenes Leben mehr führte. Ihr gesamtes Vergnügen bestand darin, ihren Töchtern in den von ihr genähten Kostümen zuzusehen, wenn sie bei Konzerten auftraten. Bei jedem Versuch, die immer weiter eskalierenden Frechheiten ihrer Töchter einzuschränken, drohten die Töchter ihr, mit dem Gesang aufzuhören – ein Gedanke, den Annie nicht ertragen konnte. Als die Mädchen schließlich im Gymnasium mit dem Gesang aufhörten und andere Dinge im Kopf hatten, hatte Annie monatelang Depressionen und mußte sich in eine Therapie begeben, um wieder ein normaler Mensch zu werden. Hätte sie das Programm gegen freches Benehmen angewendet, als die Mädchen noch jünger waren, so wäre sie vielleicht schon Jahre vorher in der Lage gewesen, sich aus dem Leben der Kinder genug zurückzuziehen, um zu ihrem eigenen Leben zu finden.

Es gibt noch andere Dinge, die alleinerziehende Eltern berücksichtigen sollten. Wird das Kind zu oft bei Verwandten oder Babysittern gelassen? Und ganz besonders wichtig bei Familien mit alleinstehenden Eltern, bei denen dieser Elternteil häufig müde und gestreßt ist und vielen persönlichen Vergnügungen nicht nachgehen kann – ist dieser Elternteil aufmerksam und voller Respekt, wenn er mit seinem Kind zusammen ist?

In all diesen Bereichen sind Verbesserungen möglich, unabhängig davon, wie wenig Zeit oder Geld zur Verfügung stehen.

Das nächste Fallbeispiel zeigt, welche Vorbereitungen ein alleinerziehender Elternteil treffen sollte, damit er das Vier-Schritte-Programm mit Erfolg durchsetzen kann.

Fallbeispiel Nr. 10: Der vierzigjährige Sam setzte sich als alleinerziehender Vater mit den Frechheiten seiner drei Söhne auf die Weise auseinander, daß er jeden Abend nach der Arbeit noch ausging und daß er am Wochenende allein Ski- und Tauchausflüge unternahm. Die Jungen waren während dieser Zeit bei seiner Mutter. Als er darüber nachdachte, wie er eigentlich auf die Unverschämtheiten seiner Kinder reagieren sollte, kam ihm nichts in den Sinn, jedenfalls nichts, was für seine Söhne eine wirkliche Bedeutung gehabt hätte. Er nahm sie nie mit, also konnte er sie seinen Kindern auch nicht untersagen. Ihm fiel nur ein, ihnen in solch einem Fall die Sachen nicht mehr zu kaufen, die sie haben wollten, wie zum Beispiel Sportausrüstungen. Aber für ihn waren diese Einkäufe auch eine Beschwichtigung seiner eigenen Schuldgefühle, die in ihm hochkamen, weil er so selten mit ihnen zusammen war. Sam stellte fest, daß sein eigenes Leben so losgelöst vom Leben seiner Kinder war, daß es fast unmöglich war, das Vier-Schritte-Programm durchzuziehen.

Da er seine Wochenendausflüge nicht aufgeben wollte, nahm er nun alle drei Jungen mit. Zu Beginn schien ihm alles zu teuer und viel zu anstrengend zu sein, aber die Jungen packten schon sehr bald an, wo immer sie konnten. Sie verzehrten unterwegs von zu Hause mitgebrachtes Essen und wechselten sich bei der Benutzung von gemieteten Skis oder Schnorcheln ab. Gleichzeitig lernten sie, freches Verhalten zu unterlassen, da es nun eine Menge Aktivitäten gab, die sie nicht mehr missen mochten – Tauchen, Ski fahren und mit den anderen Kindern zusammenzusein, die sie auf diesen Unternehmungen kennenlernten.

Sam fand zu seiner Erziehungsrolle zurück und wurde weniger egoistisch und erwies auch seinen Kindern den nötigen Respekt. Diese Einstellung und die vielen angenehmen Freizeitaktivitäten, die er den Jungen bieten konnte, sorgten dafür, daß das Vier-Schritte-Programm in Sams Haus sehr wirkungsvoll durchgezogen werden konnte.

Besondere Probleme mit Kindertagesstätten, vor die alleinerziehende Eltern gestellt werden

Viele Kindergärtnerinnen nehmen eine eher überlegene Einstellung gegenüber alleinerziehenden Eltern ein. Sie sind der Meinung, daß das Kind in der Kindertagesstätte besser aufgehoben ist als zu Hause bei einem alleinstehenden Elternteil. Manchmal identifizieren sich das Kind und die Mutter mit solchen Einstellungen und kommen unbewußt zu dem Schluß, daß zu Hause vom Verhalten des Kindes nicht so viel erwartet werden muß und daß Frechheiten wohl dazugehören.

Stop! Sie sind die Mutter oder der Vater. Sie sind der Mensch, den das Kind am meisten braucht, unabhängig davon, was Sie ihm bieten können. Sie sind die Person, die sich mit dem frechen Verhalten Ihres Kindes auseinandersetzen muß. Sie können sicherlich froh darüber sein, daß die Kindertagesstätte so viele Möglichkeiten für Ihr Kind zur Verfügung stellt, aber Sie brauchen sich deshalb nicht verunsichern zu lassen.

Einige Kinderfrauen oder Erzieherinnen scheinen allerdings der Meinung zu sein, Sie wären in einer so verzweifelten Lage, daß Sie wohl unmöglich auf sie verzichten könnten. Sie geben Ihnen zu verstehen, daß Sie Ihrem Kind nur wenig Aufmerksamkeit schenken. Also glauben Sie, daß Ihr vernachlässigtes und frustriertes Kind zum Ausgleich abends ein Anrecht auf freches Verhalten habe.

Nein, dieses Anrecht hat das Kind nicht, selbst unter widrigen Umständen. Wenn Sie ihm erlauben, sich frech zu benehmen, so vermitteln Sie ihm den Eindruck, daß freches Benehmen ein Weg ist, sich mit widrigen Umständen im Leben auseinanderzusetzen.

BERUFSTÄTIGE ELTERN UND FRECHHEIT

In den meisten Familien ist es inzwischen normal, daß Vater und Mutter arbeiten. Viele berufstätige Eltern sind deshalb am Abend erschöpft. Hinzu kommt die Sorge in Zeiten steigender Arbeitslosigkeit, daß sie ihren Arbeitsplatz behalten, um ihre Familien ernähren zu können. Deshalb ist es nicht ungewöhnlich, daß berufstätige Eltern – egal ob alleinerziehend oder verheiratet – stets einen gewissen Ärger und inneren Druck verspüren.

Wir sprechen hier nicht vom Ärger, den Eltern mit ihren Kindern haben, sondern wir meinen den Ärger am Arbeitsplatz, mit dem Chef, mit den Kollegen und mit dem Partner, der sich nicht ausreichend an der Last der Aufgaben zu beteiligen scheint. Wenn dieser Ärger sich immer mehr anstaut, wenn die Situation am Arbeitsplatz unbefriedigend ist, dann kann dies dazu führen, daß diese Person jeden Abend voller Wut nach Hause kommt. Die Kinder bemerken diesen Ärger sehr schnell. Sie leben ihren eigenen Ärger in der Schule oder bei Freunden aus – oder eben auch gegenüber ihren Eltern, die in den wenigen gemeinsam verbrachten Stunden so müde und gereizt sind. Dies äußert sich zum Teil in frechem Verhalten.

So beginnt ein trauriger Kreislauf. In einigen Familien schreien die Eltern die Kinder an, die Kinder antworten mit Frechheiten, die Eltern reagieren ihrerseits aggressiv, und das Klima im Hause wird immer mehr von verletzenden Worten geprägt. In anderen Familien sind die Kinder unverschämt, die Eltern weigern sich, überhaupt irgend etwas dazu zu sagen, und das Haus entwickelt sich zu einer Art familiären Tiefkühltruhe, in der jeder dem anderen mit kalter Ablehnung begegnet. Das Abendessen, wenn die Familie es überhaupt zusammen einnimmt, wird zu einem kurzen und wortlosen Ereignis. Jeder zieht sich so bald wie möglich auf sein Zimmer zurück.

Am Wochenende kann sich der Tagesbeginn nach einer ausgeschlafenen Nacht oft entspannter gestalten, aber die Stimmung ändert sich, sobald ein Kind bei der ersten Gelegenheit Frechheiten von sich gibt, mit oder ohne sichtbare Veranlassung. Diese Frechheiten beeinträchtigen die gute Stimmung der Familie, und am Abend sind alle Familienmitglieder von neuem gereizt und aggressiv.

Diese bedauernswerten Zustände können sehr leicht den häuslichen Lebensstil von berufstätigen Eltern prägen, unabhängig von allen guten Vorsätzen. Dennoch kann man diese Dinge ändern. Mit Hilfe des Vier-Schritte-Programms können berufstätige Eltern freches Verhalten ihrer Kinder unterbinden und auf diese Weise die Qualität der gemeinsam verbrachten Zeit verbessern.

Die Eltern müssen sich zunächst entscheiden, welche Atmosphäre sie zu Hause möchten und welchen Umgangston sie in ihrer Familie zulassen wollen. Dann müssen sich die berufstätigen Eltern für die Konsequenzen entscheiden, für deren Durchsetzung sie die nötige Zeit und Energie aufbringen können.

Lassen Sie uns ein einfaches Szenario als Muster nehmen. Nennen wir die Tochter in diesem Beispiel Ceci. Sie ist ungefähr dreizehn Jahre alt.

Mutter (kommt gerade von der Arbeit und ist sehr müde): Ceci, heute abend bist du mit dem Kochen dran. Gott sei Dank! (Sie läßt sich in ihren Lieblingssessel fallen.) Ich hatte einen schrecklichen Tag.

Ceci (in ihrer Schuluniform, auf dem Wege zu einem Footballspiel): Was? Ich soll heute abend kochen? Ich glaub, ich spinne!

Mutter (will scharf darauf antworten, weil sie sich verletzt fühlt und verärgert darüber ist, daß Ceci kein Verständnis aufbringt für ihre Müdigkeit, erinnert sich aber daran, statt dessen das Programm zur Bekämpfung des frechen Verhaltens anzuwenden): Ceci, so eine respektlose Antwort kann ich nicht so einfach dulden. Deshalb werde ich nicht noch meinen letzten Rest an Zeit und Kraft dafür verwenden, dich zum Spiel zu fahren.

Ceci: Aber ich muß unbedingt dahin!

Mutter: Ich werde mir jetzt ein Schaumbad machen, ich bin oben, falls du mich brauchen solltest. Ich mache mir später selbst mein Abendessen. (Damit verläßt sie den Raum.)

Wenn Ceci sich für ihren Ausfall entschuldigt und ein anständiges Abendessen zubereitet, sollte die Mutter dann nachgeben? Nein, sie sollte jede weitere Diskussion vermeiden. Es geht darum, Ceci zu zeigen, nicht nur zu sagen, daß ihr freches Benehmen tatsächlich Konsequenzen hat, die nicht wegverhandelt werden können.

Weil sie oft von der Arbeit erschöpft und frustriert sind, werden berufstätige Eltern viel Willenskraft benötigen, um das Vier-Schritte-Programm durchzuziehen. Woher aber soll – in Anbetracht der körperlichen und psychischen Überlastung, unter der die meisten berufstätigen Eltern leiden –, woher soll also diese Willenskraft und Energie herkommen? Das nächste Fallbeispiel bietet eine mögliche Antwort auf diese Frage.

Fallbeispiel Nr. 11: Myra ist berufstätige Mutter von drei Kindern. Ihre Kinder sind acht, vierzehn und siebzehn. Sie ist als Sekretärin bei einer Behörde angestellt und zusätzlich an der Universität eingeschrieben. Pro Semester hat sie in den letzten sechs Jahren immer drei Kurse belegt. Sie wollte gerade ihren Studienabschluß im Fach Betriebswirtschaftslehre machen, als sie für dieses Buch interviewt wurde. Ihr Mann ist als Journalist bei einer regionalen Zeitung angestellt und muß sich außerdem noch um die Druckerpressen kümmern. Man erwartet von ihm, daß er mindestens sechzig Stunden in der Woche arbeitet, sonst würde er seinen Arbeitsplatz verlieren.

Und trotzdem behauptet ein Nachbar, der viel Zeit mit dieser Familie verbringt, daß sie das glücklichste Familienleben haben, das man sich nur vorstellen kann. Wie schaffen diese Eltern so etwas? »Ich weiß, daß es sich vereinfacht anhört, aber wir sind viel zu beschäftigt, um unglücklich zu sein«, erklärt Myra. »Uns bleibt keine Zeit, Aggressionen aneinander auszulassen.«

Die Kinder sind immer mit bestimmten, ihnen zugeteilten Jobs im Haushalt oder mit anderen Aufgaben beschäftigt. Der siebzehnjährige Sohn ist beispielsweise dafür zuständig, dem achtjährigen dabei zu helfen, besser lesen zu lernen. Die vierzehnjährige Tochter ist für die Wäsche der gesamten Familie verantwortlich, ein Job, der sie permanent in Anspruch nimmt. Die Mutter ist dafür zuständig, die Tochter zum Fußballtraining und zu Spielen zu fahren – was viel Zeit in Anspruch nimmt, da das Team der Tochter seit fünf Jahren immer wieder um die Meisterschaft spielt und viel unterwegs ist. Außerdem muß sie den älteren Sohn zu seinem Zehnkampftraining bringen. Der Vater ist verantwortlich dafür, den jüngeren Sohn zum Fußballtraining zu fahren und das Fußballteam zu trainieren. Alle Familienmitglieder haben auch dann festgelegte Jobs, wenn die Familie auf den lang ersehnten Campingausflügen mit ihrem Campingwagen unterwegs ist.

Aber Myra gibt zu, daß ihnen nicht nur die Zeit zum Unglücklichsein fehlt. Es gibt da noch einen anderen Grund. »Wir sind immer froh, wenn wir einander am Abend sehen«, sagt sie. »Jedenfalls bin ich immer froh, die anderen Familienmitglieder zu sehen, und vielleicht steckt so eine Freude die anderen an.« Auf die Frage, ob sie nicht manchmal zu müde sei, um bei ihrem hektischen Lebensrhythmus noch Freude dabei zu empfinden, die anderen Familienangehörigen zu sehen, antwortete sie: »Ja, manchmal bin ich sehr abgespannt und frustriert und wünschte, ich hätte einen besseren Job oder bessere Professoren – manche meiner Seminare sind so schrecklich langweilig. Aber dann zwinge ich mich, mich daran zu erinnern, wie gern ich alle in meiner Familie habe. Ich brauche sie. Ich liebe es, sie um mich zu haben. Ich koche sehr gern für sie, und ich bestehe darauf, daß wir immer, bis auf ganz wenige Ausnahmen, zusammen zu Abend essen. Einige

Menschen leben lieber ohne Familie – aber dazu gehöre ich sicherlich nicht.«

Als wir sie fragten, was sie denn tue, wenn ihre Kinder einmal frech oder schwierig seien, antwortete sie: »Wir fahren sie nicht dahin, wo sie gerade hin wollen, wie zum Beispiel zu einem Freund oder zum Einkaufszentrum, wo sie sich mit Freunden treffen.«

Dieses Fallbeispiel zeigt, wie einige der Prinzipien des Vier-Schritte-Programms in der Realität funktionieren. Es wurde deutlich, daß freches Verhalten nicht zum Verhaltensrepertoire der Kinder in dieser Familie zählt. Auf der anderen Seite wurde klar, daß die Eltern so viel für ihre Kinder tun und ihnen so viel Aufmerksamkeit schenken – sie fahren sie überall hin und unterstützen sie bei ihren sportlichen Aktivitäten –, daß auch potentielle Konsequenzen im Überfluß zur Verfügung stehen.

Dieses Fallbeispiel zeigt auch, wie wichtig *Selbst*disziplin ist. Die Mutter verhält sich immer so, als ob sie sich besonders freue, nach Hause zu kommen, unabhängig von ihren wahren Gefühlen. Viele Spezialisten glauben, daß, wer Fröhlichkeit nach außen hin zeigt, sich nach kürzester Zeit auch wirklich fröhlich und zufrieden fühlt.

Um es noch einmal zu wiederholen: Der Aufbau und die Führung eines guten Familienlebens sind notwendige Bedingungen für die Schritte 2, 3 und 4. Ohne ein glückliches Familienleben kann auch konsequentes Verhalten keine echte Wirkung zeitigen, unabhängig davon, wie schnell und entschieden Sie handeln.

Berufstätige Eltern haben noch mit einer anderen Schwierigkeit zu kämpfen, die potentiell Frechheiten der Kinder verursachen kann. Ihnen fehlt nicht nur Zeit und Energie für familiäre Auseinandersetzungen, sie müssen sich mitunter auch Sorgen um ihren Arbeitsplatz machen, vor allem aber müssen sie ihre Kinder nach der Schule sich selbst überlassen. Diese »Schlüsselkinder« müssen über das Telefon erzogen werden, wenn man nicht selbst zugegen sein kann.

Ein Beispiel: Bob ist als Werbefachmann tätig, während seine Frau als Pharmareferentin die meiste Zeit unterwegs ist. Er muß sich häufig allein um den zwölfjährigen Sohn Sean kümmern. Sean sagte seinem Vater, daß eine Kinderfrau für die Zeit nach der Schule etwas für Weichlinge sei und daß er lieber allein bleiben wolle. Jeden Nachmittag, wenn Bob von seiner Arbeit anrief, um zu hören, wie es Sean gehe, verlief ihre Unterhaltung etwa so:

Bob: Hallo, mein Junge!
Sean: Papa, ich bitte dich – mußt du denn jeden Tag anrufen?
Bob: Will nur hören, wie es dir geht. Mir geht es besser, wenn ich weiß, daß es dir gutgeht…
Sean: Aber allmählich könntest du mal damit aufhören.
Bob: Du, ich mache mir Sorgen um dich!
Sean: Das ist dann aber dein Problem. Ich muß auflegen. Moe ist hier, und wir sehen gerade MTV.
Bob: MTV? Ich dachte, ich hätte dir gesagt…
Sean: Tschüs, Papa. (Klick und Freizeichen.)
Bob (mit dummem Gesicht zu einem Kollegen, der Bobs Gespräche jeden Tag mitbekommt): Diese Kinder heutzutage! Was soll man da machen?

Das Gespräch hätte auch anders ablaufen sollen, etwa so:

Bob: Hallo, mein Junge! Wie war es in der Schule?
Sean: In Ordnung, aber ich habe schon wieder eine schlechte Note in Mathe bekommen.
Bob: Mathe ist nicht einfach. Vielleicht sollten wir einen Nachhilfelehrer für dich suchen.
Sean: Ich hasse Nachhilfe. Dann fühle ich mich wie ein kleines Kind.
Bob: Ich kann verstehen, wie du dich fühlst, aber ich wette, daß es dir im Matheunterricht leichter fällt, wenn du Nachhilfe bekommst. Wie wäre es denn damit? Wir suchen einen Nach-

hilfelehrer, und du versuchst es einen Monat lang mal richtig ernsthaft.

Sean: Das ist fair. Wo sollen wir denn den Lehrer herbekommen?

Bob: Vielleicht kennt deine Mathelehrerin jemanden auf dem Gymnasium, der genug Ahnung hat. Wir fragen sie zuerst. Wenn nicht, dann rufe ich die Mathematische Fakultät an der Universität an.

Sean: Okay. Und wie läuft es bei dir?

Bob: Nicht schlecht, wir haben jetzt diese neue Firma, für die wir Werbung machen sollen. Also, ich muß wieder an die Arbeit. Viel Spaß beim Fußballtraining.

Sean: Bis heute abend. Tschüs.

Wenn sich Sean in dieser Unterhaltung zu nett und zu brav anhört, so daß die Situation unrealistisch erscheint, dann seien Sie versichert, daß dem nicht so ist. Da er weiß, daß Frechheiten nicht toleriert werden, nutzt er diese Anrufe dazu, um Informationen auszutauschen, Unterstützung zu erbitten, Probleme zu lösen und andere positive Dinge zu bereden, die dafür sorgen, daß er und sein Vater sich besser fühlen, selbst wenn die Neuigkeiten an sich nicht besonders positiv sind wie im Fall der Mathenote.

Bob und andere Eltern mit Schlüsselkindern müssen die Situation auf praktische Weise in Angriff nehmen. Zuerst einmal müssen sie eine Kinderfrau oder eine Kindertagesstätte oder Nachmittagsaktivitäten unter Aufsicht finden, unabhängig von den Kommentaren der Kinder. Ebenso wichtig ist es, das Vier-Schritte-Programm zu Hause und am Telefon zur Anwendung zu bringen. Eltern können vom Arbeitsplatz keine Konsequenzen androhen oder durchsetzen, aber sie können es zu Hause tun. »Dein Ton mir gegenüber am Telefon ist respektlos«, kann der Vater erklären, sobald er nach Hause kommt. »Ich erlaube es nicht mehr, daß andere Kinder nach der Schule hierherkommen, denn ich möchte nicht, daß irgend jemand diesen Ton hört. Eine Kinderfrau wird statt dessen kommen.« Oder noch besser: »Ich werde meine Mittagspause dazu benutzen, dich jeden Mittag, wenn du aus der Schule kommst, zur Sporthalle zu fahren.« Oder zum Tennisclub oder sonst irgendwohin, wo ein Erwachsener Ihr Kind nach der Schule beaufsichtigen kann. Wenn Ihr Kind protestiert, können Sie sich leicht loslösen, indem Sie das tun, was Sie tun müssen – zurückfahren an Ihren Arbeitsplatz.

Berufstätige Eltern sollten zwei eiserne Regeln befolgen: Die eine Regel besagt, daß eine positive Stimmung im Hause jede Anstrengung lohnt, egal wie müde, abgespannt und entmutigt man sich fühlen mag. Die zweite Regel ist, daß das Programm auch in den wenigen Stunden zur Anwendung gebracht werden kann, die berufstätige Eltern mit ihren Kindern verbringen – und es sollte zur Anwendung kommen, wenn diese Stunden produktiv und glücklich für alle Beteiligten werden sollen.

UMGANG MIT DEN FRECHEN FREUNDEN DER EIGENEN KINDER

Da freches Verhalten inzwischen die Ausmaße einer Epidemie unter Kindern aller Bevölkerungsschichten erreicht hat, wird es mit Sicherheit von vielen Freunden Ihrer Kinder in Ihrem Hause vorgeführt werden – und zwar nicht von irgendwelchen Freunden, sondern häufig gerade von den besten Freunden Ihrer Kinder. Kinder scheinen ihre selbstbewußteren Altersgenossen besonders zu bewundern, und gerade diese Kinder neigen dazu, freches Benehmen an den Tag zu legen. Natürlich bewundern Kinder diese Freunde, weil sie vor niemandem Angst haben, weder vor ihren eigenen Eltern noch vor den Eltern anderer Kinder.

Einige Eltern sind entsetzt, wenn sie erfahren, daß ihre Kinder bei anderen Leuten frech zu anderen Erwachsenen sind. Andere Eltern stören sich nicht daran. Warum? Ausschlaggebend dafür ist wohl, daß man nicht automatisch zum Außenseiter gestempelt wird, wenn andere Eltern eine schlechte Meinung von den eigenen Kindern haben. Eltern frecher Kinder haben eigentlich keinen Anlaß, sich Gedanken darüber zu machen, was andere Erwachsene über ihre Sprößlinge denken mögen. Für sie ist es ohne Belang – und auch ohne Folgen. Wie unser nächstes Fallbeispiel zeigt, ist ein zweiter Grund darin zu suchen, daß einige Eltern stolz sind auf ihre mutwilligen Kinder – oder daß sie sich letztendlich vor ihnen fürchten.

Fallbeispiel Nr. 12: Naomi, die Tochter eines kämpferischen Predigers, hatte Roy geheiratet, der aus einer strengen Calvinistenfamilie kam. Bald nach der Hochzeit verließen sie ihre Heimatstadt, sie wollten an einem anderen Ort in einer liberaleren Umgebung leben. Ihre Tochter Marin durfte sich völlig frei entwickeln, Grenzen wurden dem Mädchen keine gesetzt. Roy und Naomi schauten mit zärtlicher Bewunderung auf ihre Tochter, auf ihre Wutanfälle und ihre herrschsüchtigen Attacken gegenüber den Nachbarskindern.

Als sich eine Nachbarin bei Naomi darüber beschwerte, daß Marin, zu diesem Zeitpunkt vier Jahre alt, ihrer Tochter befohlen hatte, aus dem Sandkasten zu verschwinden und nicht wiederzukommen, zuckte Naomi mit den Schultern und antwortete in einem Tonfall, der die Bewunderung für ihre kleine Tochter nicht verhehlte: »Man kann zu Marin einfach nicht nein sagen.« Sowohl Naomi wie auch Roy wiederholten diesen Satz jedesmal, wenn Marin wieder einen Lehrer oder die Eltern eines anderen Kindes zur Weißglut getrieben hatte, was etwa jede Woche geschah.

Als Marin siebenundzwanzig war, mußten Naomi und Roy schließlich nein zu ihr sagen: »Nein, du kannst nicht hierbleiben mit deinem Baby, ohne Arbeit und ohne Uniabschluß.« Nachdem sie in ihrem Wutanfall im Haus alles kurz und klein geschlagen hatte, zog Marin schließlich aus. Seitdem haben ihre Eltern kaum noch von ihr gehört. Marin gab ihr Baby zur Adoption frei. Naomi glaubt, daß ihre Tochter auf diese Weise ihren arbeitsfreien Lebensstil noch um ein paar Jahre verlängern konnte. Einmal rief Marin an und klagte, sie nehme Medikamente gegen Depressionen, und fragte, ob sie nicht für eine Weile nach Hause kommen könne. Die Antwort war wiederum nein. »Wir hatten gerade gelernt, in Frieden ohne sie zu leben, und wir hatten kein Interesse daran, alles wieder in Aufruhr zu sehen«, sagte Naomi.

Naomi versucht, Marins Persönlichkeitsstruktur zu verstehen. »Ich hatte immer Angst vor ihr«, berichtet sie. »Sie war so dominierend und aggressiv, und ich bin so ein ruhiger Mensch, da gab es einfach keine Aussicht auf Besserung.« Naomi ist jedoch sehr enttäuscht, daß Marins starke Persönlichkeit sie nicht reich und berühmt gemacht hat. »Ich hatte wirklich geglaubt, sie wäre inzwischen die Chefin irgendeiner Firma oder Politikerin geworden«, wundert sich Naomi. »Sie hatte alles, was man dazu braucht – ich kann nicht verstehen, was bei ihr schiefgelaufen ist.«

Der entscheidende Punkt bei diesem Fallbeispiel ist folgender: Hätten Roy und Naomi die Eltern von Marins Spielgefährten ernst genommen, so hätten sie vielleicht eingesehen, daß es ein Problem gab, mit dem sie sich auseinandersetzen sollten. Sie hätten vielleicht sogar aufgehört, Marins Frechheiten zu tolerieren. Und Marin hätte vielleicht gelernt, mit ihrer starken Persönlichkeit auf konstruktivere Art und Weise umzugehen. Aber Marins Eltern wollten die Alarmsignale, die andere Eltern ihnen früher häufig gaben, einfach nicht wahrnehmen.

»Ich sagte ihnen nur immer wieder: ›Man kann zu Marin einfach nicht nein sagen‹«, wiederholte Naomi. »Ich bekam alle paar Tage Anrufe, immer wenn sie wieder bei jemandem eingeladen war. Und sie wurde eine Weile häufig eingeladen, weil sie so beliebt bei den anderen Kindern war.« Dann hörten die Einladungen natürlich irgendwann auf – die Eltern der anderen Kinder hatten endlich gelernt, ihren Kindern den Wunsch nach einem Besuch von Marin abzuschlagen. Naomi und Roy sind ihren liberalen Erziehungsidealen treu geblieben. Sie sehen immer noch keine Verbindung zwischen Marins Unverschämtheiten gegenüber den Eltern ihrer Altersgenossen und ihren Anpassungsschwierigkeiten als erwachsene Frau.

Ein dritter Grund, warum Eltern sich nicht daran stoßen, daß ihre Kinder frech zu den Eltern anderer Kinder sind, ist einfach der fehlende Wille, sich mit dem frechen Verhalten des Kindes auseinanderzusetzen. Die Beschäftigung mit unverschämtem Benehmen steht bei den meisten nicht oben auf der Liste der Prioritäten, und sie machen sich keine besonderen Sorgen über dieses Thema. Das Fallbeispiel Nr. 13 verdeutlicht diese Situation besonders eindringlich.

Fallbeispiel Nr. 13: Deirdre und Sidney hatten sich in Freundschaft scheiden lassen. Beide sind sehr erfolgreiche, energiegeladene Geschäftsleute in einer Großstadt im Südwesten der Vereinigten Staaten. Beide arbeiten hart, haben aber auch ein intensives Freizeitprogramm. Sie fahren oft allein oder mit Freunden in die Karibik und zum Skifahren nach Aspen oder in die Alpen. Sie haben gemeinsam das Sorgerecht für ihre Kinder – die zehnjährige Lily und den achtjährigen Larry –, die in ihrem Leben eigentlich überflüssig sind, wie Deirdre nüchtern zugibt. »Wir hätten nie Kinder haben sollen«, sagt sie jetzt.

Sie steht den Problemen ihrer Kinder sehr realistisch gegenüber. »Sie sind so vorlaut und frech, daß sie von verschiedenen Schulen geflogen sind. Bei den Eltern ihrer Spielkameraden sind sie auch schon häufiger herausgeworfen worden. Aber Sidney und ich haben uns entschlossen, uns im Moment nicht weiter mit diesem Problem zu beschäftigen. Die Kinder verbringen acht Monate in einem privaten Internat, und in der übrigen Zeit fahren sie in verschiedene Ferienlager.« Wenn die Kinder in den Ferien wirklich einmal nach Hause kommen sollten, stehen Babysitter und Kinderfrauen rund um die Uhr für sie bereit. »Um ehrlich zu sein: Wir stecken im Moment unsere ganze Kraft in unsere Jobs. Wir sind gerade auf der Höhe unserer Karrieren«, erklärte Deirdre. »Einmal haben wir die Kinder auf eine Kreuzfahrt nach Alaska mitgenommen, aber sie waren solch kleine Teufel, daß wir sie die ganze Fahrt beim Steward gelassen haben.« Und sie fügte hinzu: »Die Kinder werden schon irgendwie selbst darauf kommen müssen, wie sie sich verhalten sollen, wenn sie denn einmal wirklich Freunde haben möchten.«

Diese Erziehungsstrategie mag vielleicht für Sidney und Deirdre befriedigend sein. Aber sie machen es sich ziemlich einfach, indem sie es anderen Erwachsenen überlassen, sich mit dem frechen Verhalten ihrer Kinder auseinanderzusetzen. Ist das unfair? Natürlich. Aber es handelt sich dabei um ein weitverbreitetes Phänomen.

Das Problem kann jedoch von Eltern durchaus gemeistert werden, wenn sie entdecken, daß sie unverschämte Altersgenossen ihrer Kinder in ihrem Haus zu Besuch haben.

Das folgende Fallbeispiel zeigt, wie so etwas vor sich gehen kann.

Fallbeispiel Nr. 14: Die Fernsehproduzentin Amy hatte ein Fest für ihre neunjährige Tochter Justine veranstaltet, bei dem die Spielgefährten eingeladen waren, in Justines Haus zu übernachten. Der Ehrengast war Kelly, eine Freundin Justines, die gerade eine Fernsehrolle in einer Familienserie bekommen hatte. Amy und ihr Ehemann kannten Kellys Eltern seit Jahren und wußten, daß Kelly nach Beginn der Dreharbeiten keine Zeit mehr haben würde für ihre alten Freunde.

Gleich bei ihrer Ankunft auf dem Fest benahm sich Kelly merkwürdig. Sie war unhöflich zu den anderen Gästen und zu Justine. Als schließlich Amy den Mädchen verbot, sich weiterhin gegenseitig mit dem Rasierschaum ihres Mannes zu bespritzen, richtete Kelly ihre Widerworte direkt an Amy. »Du kannst mich zu nichts zwingen, Amy«, sagte sie, wobei sie Amys Vornamen zum ersten Mal benutzte. »Du bist nicht meine Mutter.« »Ja, Mama«, sagte Justine, wobei sie offenbar allen ihren Mut zusammennahm. Aber zu Kelly fügte sie mit warnendem Unterton in der Stimme hinzu: »Kell, das hättest du nicht sagen sollen. Ich habe es dir doch gesagt!« Justine wußte genau, was passieren würde.

Amy hätte viele Dinge zu Kelly sagen können, wie zum Beispiel: »Das ist aber mein Haus« oder: »Aber deine Mutter würde es gar nicht gern sehen, wenn du dich so benimmst« oder: »Das ist mir egal, bei mir mußt du etwas mehr auf dein Benehmen achten.« Statt dessen zog sie nur eine logische Konsequenz. »Kelly«, sagte sie. »Du mußt jetzt leider gehen. Bei uns wird so ein Ton nicht geduldet. Zieh dich bitte sofort an.«

Trotz lautstarker Proteste der anderen jungen Gäste rief Amy Kellys Mutter an, blieb dabei, während Kelly sich anzog und ihre

Sachen packte, und brachte sie schließlich zur Tür, als Kellys Mutter klingelte. »Kelly kann gern wieder zu uns kommen«, sagte Amy mit einem freundlichen Lächeln zu Kellys Mutter. »Aber ich werde genauso handeln müssen, wenn sie wieder unverschämt zu mir ist.«

Wenn Sie jetzt wissen wollen, wie die anderen Gäste auf diese Szene reagierten, so sollten Sie versuchen, den Schritt 4 besser zu verstehen, bei dem es darum geht, wie man sich von einer Auseinandersetzung löst. Die Wahrheit ist einfach, und Amy wußte dies: Es war egal, wie die kleinen Gäste reagierten. »Wen kümmert es schon, was sie gedacht haben?« sagte Amy. »Ich sagte ihnen, daß nicht mehr mit Rasierschaum gespielt werden dürfe. Ich ignorierte die wütenden Blicke der eingeladenen Kinder, wünschte ihnen weiterhin viel Spaß und ging ins Schlafzimmer, um ein wenig zu lesen.« Justine erzählte Amy später, daß der Rest der Party recht gut verlief, daß der frühe Abschied Kellys allerdings die Stimmung der Gäste reichlich gedämpft hatte. »Das ist keine Überraschung«, antwortete Amy. »Schade, daß Kelly sich so verhalten mußte.« Sie entschuldigte sich nicht, sie rechtfertigte nicht noch einmal ihr Einschreiten oder diskutierte auf irgendeine andere Weise ihre konsequente Haltung bei der Party. Sie begann, über ein gänzlich anderes Thema zu sprechen. Der Fall des unverschämten Partygastes war offensichtlich für immer abgeschlossen.

Es ist in der Tat die beste Konsequenz in einem solchen Falle, Störenfriede sofort und mit ruhiger Stimme vor die Tür zu setzen. Sollten sich die Eltern dieser Kinder gerade auf einer vierwöchigen Safari befinden und deshalb nicht erreichbar sein, so sollten Sie die frechen Kinder mit der gleichen Konsequenz behandeln, die sie auch bei Ihren eigenen Kindern an den Tag legen würden.

Und denken Sie daran – der sofortige Herauswurf eines Störenfriedes als Konsequenz für unverschämtes Benehmen beeindruckt nicht nur das freche Kind, sondern dient gleichzeitig als dramatischer Kräftebeweis für Ihre eigenen Kinder. Die Botschaft ist eindeutig: Der Umgangston und die Art und Weise der Verständigung in Ihrem Haus liegen Ihnen so am Herzen, daß Sie, sobald nötig, sofort Maßnahmen ergreifen.

UMGANG MIT FRECHHEIT IM FERNSEHEN UND IN ANDEREN MEDIEN

Zahlreiche Studien haben bewiesen, daß der Einfluß der Medien auf das Verhalten von Kindern groß ist. Die meisten dieser Untersuchungen zeigen, daß Kinder normalerweise diejenigen Verhaltensweisen in den Medien nachahmen möchten, die sie emotional bewegt haben – unabhängig davon, ob es lustvoll oder schmerzhaft war. Diese Gefühlsregungen sind unfreiwillig.

Aus einer dieser Arbeiten geht hervor, daß der Anblick von Karatekämpfen im Fernsehen Kinder dazu verführte, andere Kinder auf dem Spielplatz zu treten. Eine andere Studie wies nach, daß aggressives Verhalten auf dramatische Weise zunahm, nachdem Kinder Filme mit Gewaltszenen gesehen hatten. Man kann daher davon ausgehen, daß Kinder, wenn sie Frechheiten in ihren Lieblingsfilmen und Lieblingsserien sehen, eine deutlich größere Neigung verspüren werden, selbst freches Benehmen an den Tag zu legen.

Kinder werden ununterbrochen mit respektlosem Verhalten auf dem Bildschirm konfrontiert. Fernsehserien und Filme mit Kindern enthalten fast immer irgendwelche Unverschämtheiten. Die Auswahl eines beliebigen Fernsehabends zeigte, daß alle zur Hauptsendezeit ausgestrahlten Serien mit Kindern mindestens zwei Vorfälle frechen Verhaltens pro Episode enthielten, häufig aber mehr.

Mit frechem Verhalten in Filmen und im Fernsehen meinen wir, daß im Verlauf einer normalen Unterhaltung vorlaute Dinge gesagt werden – häufig in Form von kurzen abwertenden Bemerkungen, die zum Lachen verleiten sollen. Je jünger der Darsteller, der die Unverschämtheiten von sich gibt, um so lustiger sollen diese Äußerungen angeblich sein. Diese frechen Kinder werden nicht etwa als unausstehliche Widerlinge dargestellt, sondern als normale, wohlerzogene Kinder, die sich in den meisten anderen Situationen ihren Eltern gegenüber gehorsam verhalten.

In den wichtigsten Medien wird freches Verhalten nicht etwa als respektloses und nicht zu duldendes Benehmen dargestellt, auf das mit Konsequenz und Unnachgiebigkeit reagiert werden sollte, sondern als erfolgreiche Strategie, die zu sofortiger Unterwerfung und sogar Bewunderung der Erwachsenen führt. Im Fernsehen ist freches Benehmen am häufigsten in Talkshows und Familienserien zu beobachten; im Kino sind Frechheiten am häufigsten in den populären Filmen mit unverschämten jugendlichen Hauptdarstellern und ihren jüngeren Geschwistern festzustellen, wobei die jüngeren Geschwister lediglich die frechen Teenager nachäffen.

In solchen und ähnlichen Filmen werden die frechen Jugendlichen als attraktiv, begehrenswert, intelligent und häufig lustig dargestellt. Ihr Selbstbewußtsein, ihre Stellung unter den Altersgenossen und ihr Unterhaltungstalent stellen sie in ihrem frechen Verhalten gegenüber Gleichaltrigen, Lehrern, Eltern und anderen Erwachsenen unter Beweis.

Die Opfer der Unverschämtheiten haben aus irgendwelchen Gründen fast immer freche Antworten verdient, weil sie zum Beispiel zu muffig oder zu ernst, zu streng (begründet oder nicht) oder zu tugendhaft sind (meist sind sie etwas prüde und bestehen auf eine »altmodische« Tugend). Oft wird freches Verhalten gleich mehrfach im selben Film oder in derselben Fernsehserie gerechtfertigt. Auf diese Weise wird der junge Zuschauer bei jedem Kinobesuch und an jedem Fernsehabend mit einer ganzen Reihe von Gründen für freches Benehmen versorgt.

Weitere Gründe, warum Medien so viel Einfluß auf Kinder haben, gerade wenn es um freches Verhalten geht:

1. Junge Leute aller Altersgruppen glauben, daß alles, was sie im Fernsehen sehen, mit Ausnahme der Nachrichten und

von Dokumentarsendungen, nicht nur in Ordnung ist, sondern sogar begehrenswert.

2. Die Rollen in Film und Fernsehen sind so geschaffen, daß sie beliebten gesellschaftlichen Gruppierungen entsprechen. Ihr Aussehen und ihr Verhalten definieren Normen wiederum dafür, wie andere Leute aussehen und sich verhalten sollten.
3. Die Zuschauer im Kindesalter wollen nicht nur wie diese Figuren sein, sie wollen auch, daß ihre Freunde erfahren, daß sie so sind wie diese Figuren. Dementsprechend wollen die jungen Zuschauer die gleichen Kleider und den gleichen Haarschnitt tragen, und sie wollen den gleichen Typ verkörpern wie die dargestellten Figuren. Natürlich müssen sie auch die gleichen Gesten und Worte benutzen.
4. Die kurzen, knappen Antworten, die die Schauspieler im Fernsehen immer sofort parat haben, werden zum Vorbild; Kinder trainieren und ahmen diese Technik nach, und das Ergebnis ist fast immer freches Verhalten.

Da die Medien so wichtige Quellen für freches Verhalten unter Kindern sind, ja, es sogar verstärken, sind sie eine tiefergehende Analyse wert.

Eine kurze Geschichte des frechen Verhaltens in Film und Fernsehen

Bis in die frühen sechziger Jahre hatten Film und Fernsehen nur die Erwachsenen als Zielgruppe. Die Produkte mußten Erwachsenen gefallen, nicht den Kindern, denn die Erwachsenen kontrollierten die Geldbeutel. Sie entschieden, welche in der Werbung gezeigten Produkte gekauft und welche Filme gesehen wurden. Freche Kinder waren eine Seltenheit in Filmen, und die meisten von ihnen waren lediglich die »bösen Jungen« in diversen

Komödien. In Fernsehserien wurden freche Kinder nur in Außenseiterrollen gezeigt, in denen sie die halbkriminellen Freunde braver Kinder verbargen.

Gegen Ende der sechziger Jahre und zu Anfang der siebziger Jahre veränderten zwei gesellschaftliche Entwicklungen den Status der Kinder. Sie wandelten sich von abhängigen Wesen, die versorgt werden mußten, die gesehen, aber nicht gehört werden sollten und die immer taten, was man ihnen befahl, zu umworbenen Wesen, deren Wünsche erfüllt werden sollten und die sich so benehmen konnten, wie es ihnen gerade in den Sinn kam.

Die erste Entwicklung, die den Status der Kinder verändern half, war das Auseinanderbrechen der Kernfamilie. Dieser Prozeß hatte drei entscheidende Resultate:

1. Kinder wurden zu den Interpreten moderner Kultur.
2. Verschiedene Instanzen der Medien predigten, daß Jugendlichkeit ein begehrenswerter Zustand ist.
3. Die steil ansteigende Scheidungskurve hatte zur Folge, daß viele Kinder mit nur einem Elternteil aufwuchsen. Sie nahmen plötzlich eine neue Rolle ein und waren die neuen besten Freunde ihrer alleinerziehenden Eltern, die Zustimmung erkauft, erbettelt oder sonst irgendwie gesucht haben.

Die zweite Entwicklung, die zur Veränderung des Status der Kinder in der Gesellschaft beitrug, war die wachsende wirtschaftliche Bedeutung der Kinder. Plötzlich hatten sie mehr eigenes Geld zum Ausgeben, dank großzügiger Bewilligung von Taschengeld, dank eigener Jobs und dank großzügiger Geldgeschenke, und sie wurden an den Entscheidungen beteiligt, wie das Geld der Familie auszugeben sei. Sie konnten nun ihre Eltern dazu bringen, ihnen Dinge zu kaufen – Kleidung, Make-up und in jüngerer Zeit in Amerika auch Schönheitsoperationen –, die sie ihren Vorbildern ähnlicher machten. Und ihre Vorbilder waren natürlich beliebteste Film- und Fernsehstars.

Das Resultat dieser beiden Entwicklungsprozesse kann in einem einzigen Satz beschrieben werden: Kinder wurden nun nicht nur für intelligenter, sondern auch für witziger und interessanter gehalten als die Erwachsenen. Oder noch einfacher gesagt: Plötzlich bedeutete Jugend gleichzeitig auch Macht.

Film und Fernsehen verstanden die neue Entwicklung sehr schnell, und sie begannen damit, Kinder als liebenswerte und kluge Menschen darzustellen, denen bei Gesprächen meistens das letzte Wort zugebilligt wurde.

Werbung und Frechheit

Werbespots zeigten den neuen Status der Kinder noch klarer als alle anderen wichtigen Medien. Ein Marketingexperte erklärte hierzu, daß Werbespots nun nicht mehr allein dafür geschaffen wurden, den Kindern irgendwelche Produkte zu verkaufen, sondern auch, um Kinder als Instrumente zur Gewinnung neuer Käuferschichten in anderen Altersgruppen zu benutzen. In den Werbespots tauchten immer wieder Kinder auf, die intelligenter als ihre unbedarften Eltern waren. In einem Werbespot glänzt zum Beispiel ein Kind durch besonders unverschämtes Verhalten, das es seiner offensichtlich gestreßten berufstätigen Mutter gegenüber an den Tag legt. Es verdreht die Augen und insistiert so lange, bis die Mutter ihm schließlich das Produkt kauft, das die Werbung anpreist.

Es ist eigentlich überflüssig, noch einmal darauf hinzuweisen: Solche Werbespots erteilen den zuschauenden Kindern quasi nicht nur die Erlaubnis, frech zu sein; sie ermuntern sie geradezu dazu. Denn sie transportieren die Botschaft, daß ein solches Verhalten gut und wirkungsvoll ist. Trotz dieser Entwicklungen berichten Medienforscher, daß die von Teenagern und Kindern vor dem Fernseher zugebrachte Zeit in den USA von etwa vierzig Wochenstunden im Jahre 1980 auf gerade einmal zwanzig Wochenstunden im Jahre 1995 zurückgegangen ist. Das ist allerdings aller

Wahrscheinlichkeit nach auf die Verbreitung von Videospielen, Computerspielen und das Internet zurückzuführen. Kinder im Alter von zwei bis fünf sehen am meisten fern – etwa fünfundzwanzig Stunden pro Woche. (Andere Experten behaupten, daß die vor dem Fernseher verbrachten Zeiten junger Leute in Wirklichkeit viel höher liegen.)

Wie man mit Frechheit in den Medien umgehen sollte

Die beste Methode, Frechheit in den Medien zu begegnen, besteht darin, die mit unverschämtem Verhalten überladenen Serien und Filme zusammen mit ihren Kindern anzusehen. Wenn die Sendung zu Ende ist, sagen Sie ihnen, daß die gezeigte Art von Verständigung bei Ihnen zu Hause nicht toleriert wird. »Das mag ja vielleicht in einer Fernsehfamilie in Ordnung sein«, können Sie sagen. »Aber in dieser Familie geht so etwas nicht.« Sagen Sie klar und deutlich, welche Äußerungen Ihnen nicht gefallen haben.

Beispielsweise ergeht sich die Hauptperson in einem erfolgreichen Film, für und mit Kindern gemacht, in einer Tirade von Unverschämtheiten gegenüber einem Sozialarbeiter; die Szene endet damit, daß dieses Kind den Mann ein Arschloch nennt. »Mir gefällt der Ton nicht, mir gefallen die Worte nicht, und mir gefällt der Kraftausdruck erst recht nicht, den der kleine Junge gebraucht«, könnten Sie sagen. Vielleicht protestiert Ihr Kind. »Aber der Mann, mit dem er geredet hat, war ein schlechter Mann. Er hatte es verdient, beleidigt zu werden.«

Darauf müssen Sie eingehen. Wir machen Ihnen fünf Vorschläge:

1. »Kinder können die Wahrheit sagen und trotzdem respektvoll sein, ohne unverschämt werden zu müssen.« Lassen Sie Ihr Kind Beispiele geben für mögliche Dialoge für den Jun-

gen im Film. Wie konnte er dem Erwachsenen im Film mitteilen, was er von ihm hält, ohne dabei respektlos zu sein? Sie können zusammen mit Ihrem Kind Dialogbeispiele ausprobieren.

2. »Das Kind ist eine Figur in einem Film, so wie eine erfundene Person in einem Geschichtenbuch; es ist kein wirkliches Kind. Solches Benehmen wird in unserem Hause nicht geduldet.« Hier übernehmen Sie die wichtige Aufgabe, das wirkliche Leben und die Medienwelt voneinander zu trennen.
3. »Beleidigungen und Kraftausdrücke gibt es bei uns im Haus nicht. Punkt.« Das Kind braucht sich nie wieder zu fragen, ob es wohl ungestraft Beleidigungen und Kraftausdrücke anbringen kann.
4. »Du kannst ruhig lachen, aber du solltest nie so mit mir oder mit sonst jemandem sprechen.« Sie erklären dem Kind, daß ein vielleicht lustiges Detail im Fernsehfilm mit Sicherheit nicht lustig im wirklichen Leben wäre.
5. Nachdem Sie zusammen eine besonders krasse Sendung im Fernsehen verfolgt haben: »Du darfst nie auf diese Weise mit anderen Menschen sprechen. Und ich verspreche dir, daß weder dein Vater noch ich, noch irgendein anderer Erwachsener in diesem Hause so mit dir sprechen werden.« Hiermit machen Sie dem Kind klar, daß freches und unverschämtes Verhalten von Erwachsenen genauso untragbar ist wie ein ähnliches Verhalten von Kindern.

Mit Ihrem Kind fernzusehen und Filme anzusehen beansprucht Zeit und bedeutet eine intensive Beschäftigung mit dem Kind – aber beides ist wichtig. Dieser Prozeß hilft dem Kind außerdem dabei, herauszufinden, welche Kommunikationsformen Sie befürworten und welche Sie ablehnen, ohne erst auszuprobieren und die Konsequenzen erleben zu müssen.

Die Medien als Unterrichtsinstrument

1. Besorgen Sie sich einen Videofilm, von dem Sie wissen, daß er Beispiele frechen Verhaltens enthält. Schauen Sie sich diesen Film mit Ihrem Kind an, wobei Sie mit der Fernsteuerung in der Hand an den entsprechenden Stellen unterbrechen können.
2. Sehen Sie einen Film mit ihm, den Sie noch nie gesehen haben. Weisen Sie auf Beispiele frechen Benehmens hin, wenn sie vorkommen, oder bitten Sie Ihr Kind, Sie auf solche Beispiele aufmerksam zu machen.
3. Nutzen Sie Ihren Videorecorder: Nehmen Sie Fernsehserien auf, in denen viele Unzulänglichkeiten vorkommen. Sehen Sie sich diese Sendungen mit Ihrem Kind an, wobei Sie an den entsprechend wichtigen Stellen den Pausenknopf drücken.
4. Sehen Sie sich eine Fernsehserie mit ihm an. Dann stellen Sie den Fernseher aus und diskutieren die Beispiele frechen Verhaltens.
5. Sprechen Sie mit Ihrem Kind über Werbespots, in denen unverschämte oder freche Kinder gezeigt werden.

Videospiele und Unverschämtheiten

Eine Mutter berichtete, daß die Frechheiten ihres Sohnes aufgrund von Videospielen dermaßen eskaliert waren, daß sie und ihr Mann professionelle Hilfe suchten.

Fallbeispiel Nr. 15: Der zehnjährige Ron war offensichtlich geprägt von den beiden Videospielen, die er am liebsten spielte. Beide Spiele waren Kampfspiele, bei denen es um viel Gewalt und schaurige Brutalitäten ging. Sein absolutes Lieblingsspiel war ein Rollenspiel, bei dem er die Rolle eines Roboters übernahm, dessen Arme, Beine und andere Teile der Anatomie tödliche Waffen waren, mit denen er feindliche Roboter töten konnte. Das andere Spiel war ein normales Kampfspiel mit Zeichentrickfiguren, die mit verschiedenen strategischen Bewegungen des Kontrollpults gesteuert werden konnten.

Beide Spiele machten ihn sehr nervös und aufgeregt, während er mit ihnen beschäftigt war, und noch stundenlang nach Ende des Roboterspieles war er anderen gegenüber aggressiv. Dies führte auch zu Unverschämtheiten, die seine Eltern besonders alarmierend fanden. »Nerv mich nicht!« war dann eine typische Antwort seiner Mutter gegenüber, wenn sie ihn bat, das Videospiel wegzuräumen. »Ich bin beschäftigt« war eine andere Standardantwort nach beendeten Videospielen ebenso wie »Das habe ich nicht nötig!«.

Schließlich verstanden die Eltern, daß Ron sich selbst noch Stunden nach Beendigung des Spiels als bedrohlicher, allmächtiger, planetenrettender Roboter sah. »Er spielte häufiger vor der Schule«, sagte seine Mutter. »Dann mußte ich ihn buchstäblich vom Spiel wegziehen, damit er den Schulbus erwischte. Dabei wurde er immer besonders frech. Sobald er nachmittags aus der Schule zurückkam, setzte er sich wieder an sein Spiel und hörte nicht auf, bis wir von der Arbeit nach Hause kamen und ihn zum Abendessen an den Tisch beorderten.« Die Kinderfrau, die ansonsten in Ordnung war, ließ Ron sein Videospiel spielen, denn sie brauchte ihn nicht zu beaufsichtigen, solange er spielte. »Allerdings glaube ich sowieso nicht, daß sie es geschafft hätte, ihn dazu zu bringen, irgend etwas anderes zu machen«, seufzte Rons Mutter. »Er war seinen Spielen so ergeben, daß er einen Aufstand gemacht hätte, mit dem die Kinderfrau bestimmt nicht fertiggeworden wäre.«

Erst als Rons Lehrerin sich über sein freches Verhalten in der Schule beschwerte, erkannten die Eltern, daß es Zeit für drastischere Maßnahmen war. »Die Lehrerin sagte, sie müßte ihn von der Schule verweisen lassen, wenn sein Benehmen nicht besser würde. Es war eine sehr gute Schule, und uns lag sehr viel daran, daß es nicht soweit kam.«

Also fingen Rons Eltern das Vier-Schritte-Programm an. Die Konsequenz bei schlechtem Benehmen nach dem Spielen war ein sofortiges Spielverbot für den Rest des Tages. Am nächsten Tag konnte er von neuem versuchen, ob er seine Zunge im Zaum halten konnte. Nachdem er auf diese Weise eine Woche lang jeden Tag Spielverbot bekommen hatte, hörte Ron auf, frech zu sein. Rons Eltern sorgten außerdem dafür, daß er Basketball zu spielen begann. »Wir fanden ein Sportzentrum, wo er nachmittags spielen konnte, und wir brachten dann auch einen Basketballkorb in unserem Hof an.« Ron spielt inzwischen in der Jugendliga, und er ist meistens zu beschäftigt, körperlich verausgabt und zufrieden – er wird von Tag zu Tag besser –, um sich noch Gedanken über Videospiele zu machen. »Für ihn sind die Videospiele jetzt etwas für kleine Kinder, für das er eigentlich schon zu alt ist«, sagte seine Mutter. »Aber er wäre sicherlich verrückter denn je nach den Spielen, wenn wir nichts unternommen hätten.«

Dieser Fall zeigt, wie Videospiele – bei denen es häufig um ununterbrochenen Kampf, Haß und Wettstreit geht – Kinder dazu bringen können, freches Benehmen als eine Waffe einzusetzen.

Talkshows und Frechheiten

Ebenso wie Videospiele beanspruchen die Talkshows einen eigenen Abschnitt in diesem Kapitel über die Medien und freches Verhalten. Talkshows wimmeln geradezu von Menschen, die in einer Krise stecken und oft sehr melodramatisch auftreten; häufig sind die Teilnehmer an solchen Talkshows auch Kinder. Und diese demonstrieren vor allen Dingen eins: echtes Talent, unverschämt und frech zu sein gegenüber ihren Eltern, dem Gastgeber der Talkshow und den geladenen Zuschauern im Studio, und zwar von Anfang bis Ende der Sendung.

In der Hauptsache ergehen sich die Kinder in diesen Sendungen in vier Varianten frechen Verhaltens:

1. *Zynisch*. Eine Kamera hinter der Bühne zeigt die Kinder, während sie auf einem Bildschirm hinter der Bühne unter Gelächter und Geschrei verfolgen, wie ihre Mutter unter Tränen vom unkontrollierbaren Verhalten der Kinder berichtet.
2. *Unverschämte Körpersprache*. Einmal auf der Bühne, gefallen sich die Kinder darin, ihre Augen zu verdrehen, mit der Schulter zu zucken und den Kopf zu schütteln, während ihre Mutter sie anfleht, doch endlich zu verstehen, was sie der Familie, der Mutter, den Lehrern oder irgendwelchen anderen beteiligten Personen antun.
3. *Beschämend*. Die Mutter wird der Dummheit beschuldigt – »Ach, du hast ja überhaupt keine Ahnung« ist eine Standardbeleidigung von Kindern ihrer Mutter gegenüber im Rahmen einer Talkshow – oder auch irgendeiner anderen Schwäche.
4. *Immer das letzte Wort behalten*. Die Frechheiten während einer Talkshow sind nicht etwa zu Ende, wenn die Mutter es gern möchte, sondern zu dem Zeitpunkt, den das Kind bestimmt. Frechheiten zum Abschluß eines Gesprächs sind zum Beispiel »Ist mir ganz egal« oder »Dann laß mich doch bei meinem Vater wohnen«. Ein anderer Abbruch eines Gesprächs ist typisch bei jugendlichen Müttern, die noch bei ihren Eltern leben und die häufig schon wieder schwanger sind: »Du kannst ja versuchen, mich dazu zu zwingen, jeden Abend bei dem Baby zu bleiben. Ich werde es einfach nicht tun.« Daraufhin schaut sich die unverschämte junge Dame ihre Fingernägel an, schlägt die Beine übereinander und weigert sich, noch ein einziges Wort zu sagen. Dabei scheint sie völlig mit sich zufrieden zu sein. Warum sollte sie es auch nicht sein? Sie hat ihre gesamte Umgebung unter ihrer Kontrolle.

Zu diesem Zeitpunkt wird dann oft der Psychologe der Talkshow hinzugerufen. Der Ratschlag dieses Experten an Mutter und

Tochter ist normalerweise, daß sie doch bitte mehr aufeinander eingehen sollten und daß sie vielleicht besser eine Beratungsstelle aufsuchen sollten. Daraufhin setzt der Psychologe eine ernste Miene auf und warnt die Mutter, daß sie ihre Tochter unter Kontrolle zu bekommen habe oder alles werde damit enden, daß die Tochter als Kriminelle auf der Straße landen wird, während die Mutter wahrscheinlich in einer Nervenklinik eingeliefert wird, wenn sie nicht vorher stirbt. Kurzfristige Tröstungen und langfristige Horrorszenarien sind so ziemlich alles, was diese Psychologen in etwa fünfzehn Minuten hervorbringen können. Sie schaffen es kaum noch, darauf hinzuweisen, daß Mutter und Tochter ärztliche Hilfe benötigen, dann ist die Sendung auch schon zu Ende.

Diese Sendungen zeigen auf drastische Weise, was geschehen kann, wenn Eltern es versäumen, freches Verhalten rechtzeitig zu unterbinden. Bei einer Talkshow über Töchter, deren Verhalten außer Kontrolle geraten war, kam es sogar einmal dazu, daß die Gastgeberin androhte, das Mädchen wegzuschicken, wenn sie nicht mit ihren Unverschämtheiten aufhörte. Es blieb jedoch bei der Drohung; sie war nicht konsequent, und das unverschämte Verhalten wurde fortgesetzt.

Die Gastgeberin versuchte eine andere Methode und appellierte an die Tochter: »Sieh mal, wie du deine Mutter behandelst!« Die Mutter war in Tränen ausgebrochen, und man hatte ihr bereits ein Taschentuch gereicht. Die Halbwüchsige zuckte mit den Schultern und bemerkte, wenn ihre Mutter meinte, weinen zu müssen, so wäre das ihr Problem.

Wenn Ihre Kinder diese Sendungen sehen, müssen sie verstehen, daß Sie als Eltern es niemals auch nur im entferntesten so weit kommen lassen werden und daß sie als Ihre Kinder niemals die Erlaubnis haben werden, mit derartig unverschämten Kindern irgendeinen Umgang zu pflegen.

Außer dem Gespräch mit Ihren Kindern über die Medien werden Sie Wege finden müssen, das Leben Ihrer Kinder mit konstruktiven Aktivitäten auszufüllen (wie es Rons Eltern taten, als sie ihn für Basketball begeisterten), so daß Ihre Kinder keine Zeit und kein Bedürfnis haben, Beziehungen zu Kindern aufzubauen, die diesen unverschämten Kindern in Film und Fernsehen ähnlich sind.

UMGANG MIT FRECHHEIT BEI KINDERN AUF DER UNIVERSITÄT

Ob die Kinder wegziehen oder ob sie die Universität besuchen und weiterhin zu Hause wohnen – die meisten Studenten, insbesondere Studienanfänger, treten ihren Eltern auf besonders unverschämte Weise gegenüber. Die Eltern fühlen sich bei den Frechheiten der Studenten alt, aufs Abstellgleis geschoben, anachronistisch, langsam und nicht in der Lage, den neuen Ansprüchen gegenüber Erwachsenen, die von den Kindern erhoben werden, in irgendeiner Weise zu entsprechen. Selbst wenn die Eltern viel Geld für die Ausbildung ihres Kindes aufbringen, bekommen sie doch immer wieder zu hören, was wir »Studentenfrechheiten« nennen.

Studienanfänger haben die Tendenz, ihren Eltern gegenüber unverschämt zu sein, selbst wenn sie sich früher nie so verhalten haben, und zwar aus einem oder mehreren der folgenden Gründe:

- Sie sind mit neuen Freunden zusammen.
- Sie entdecken ihre Identität und definieren sich neu.
- Sie müssen mit Streßsituationen umgehen, die sie vorher noch nie erlebt hatten.
- Sie sind überzeugt davon, daß Sie als Eltern keine Vorstellung davon haben, was sie gerade durchmachen. Mit anderen Worten, sie werden zu neuen Menschen, die jetzt für sich selbst die Verantwortung tragen und zum ersten Mal unabhängig zu leben lernen. Als junge Erwachsene, die Ihnen (fast) gleichgestellt sind, versuchen sie häufig, mit frechem Verhalten ihre Grenzen auszuloten.

Aber diese Studenten denken natürlich, daß sie gute Gründe dafür haben, Sie respektlos zu behandeln. Wir sind uns darüber im klaren, daß die meisten dieser Gründe sehr oberflächlich klingen, aber viele Studenten nehmen sie sehr ernst.

Ihre akademische Qualifikation wird in Frage gestellt. Sie haben noch nie etwas von Spinoza gehört? Und Sie haben all die Jahre so getan, als hätten Sie eine gute Allgemeinbildung?

Es gibt kaum etwas so Verführerisches wie eine gute Einführung in die Geschichte eines Landes, in die Literatur- oder Kunstgeschichte – und Ihr Studienanfänger belegt wahrscheinlich einige dieser Kurse –, um dem Studenten das Gefühl zu geben, er wisse alles und seine Eltern wüßten rein gar nichts.

»Ich kann es einfach nicht glauben«, so erklärt er Ihnen. »Du glaubst tatsächlich immer noch, daß Karl Marx ein schlechter Mensch war.« Oder daß Sie sich weigern, Ihre Bilder gegen kubistische Drucke auszutauschen. »Provinzler!« wird er in ehrlich entrüstetem und anklagendem Ton ausrufen, oder wenn er dieses Wort noch nicht gelernt hat, so nennt er Sie vielleicht auch unwissend oder etwas ähnlich Schmeichelhaftes. »Bauern, das seid ihr!« Sie nehmen Entbehrungen in Kauf, um Ihrem Kind das Studium zu finanzieren, und sind dementsprechend verletzt, wenn Sie solche Bemerkungen hören. Selbst wenn Ihr Kind nicht ganz so deutlich wird – wenn es nur die Augen verdreht und seufzt –, kränkt Sie dieses Verhalten.

Dies sind wiederkehrende Probleme

- **Ihre ethischen Vorstellungen sind plötzlich völlig überholt.** Sie haben Ihren Sohn immer so erzogen, daß Abschreiben für ihn verpönt war. Jetzt brüstet sich sein Zimmergenosse damit, daß er nie selbst seine Seminararbeiten schreibt. Plötzlich erscheinen Sie altmodisch und übermäßig streng. »Ihr versteht einfach nicht, daß Kontakte pflegen und ein Netz von Beziehungen aufbauen genauso wichtig sind wie gute Noten.

Leute für einen arbeiten zu lassen ist einfach gutes Management.«

- **Ihr Kind wurde nicht in einem gesellschaftlichen Kreis aufgenommen.**
  Es muß ganz einfach Ihre Schuld sein, daß Sie ihm nicht schon früher die richtigen Privatlehrer besorgt haben und ihn nicht in die richtigen gesellschaftlichen Gepflogenheiten eingeweiht haben, daß Sie ihm nicht die richtigen Kleider oder das richtige Auto gekauft haben – mit einem Wort, daß Sie es nicht geschafft haben, ihm den Verhaltenscode, der nötig zu sein scheint, vermittelt haben.

- **Die Studien Ihres Kindes stören sein gesellschaftliches Leben.**
  Er geht jeden Abend mit seinen Freunden bis zwei Uhr morgens aus. Am nächsten Morgen verschläft er die morgendlichen Vorlesungen. Eigentlich fühlt er sich schuldig, und er weiß, daß Sie allen Grund haben, wütend zu sein; also wird er erst einmal wütend auf Sie. Er kommt zu der Einsicht, daß Sie nie die Realität des modernen Universitätslebens verstehen werden.

Lassen Sie sich nicht irritieren. All diese Verhaltenstypen sind nur Phasen. Der Student wird herausfinden, daß Betrüger häufig auffallen oder an einen Lehrer geraten, der sie ihre Seminararbeit im Seminar schreiben läßt. Er wird herausfinden, daß das gesellschaftliche Leben auf dem Campus oft der Mühe nicht wert ist und daß er eine Reihe von Kursen bereits nach dem ersten Semester wiederholen wird, wenn er regelmäßig die Nächte durchfeiert.

Es gibt jedoch auf der anderen Seite keinerlei Entschuldigung für unverschämtes Verhalten des Studenten. Er kann ruhig einmal eine Vorlesung verschlafen, mit Freunden ausgehen und auch sonst an der Universität tun und lassen, was ihm in den Sinn kommt, aber er sollte nichtsdestoweniger seinen Eltern gegenüber zu respektvollem Verhalten verpflichtet sein.

Wie Sie sich wehren können

Was auch immer der Grund für die Respektlosigkeit Ihres Kindes ist, Sie können doch das Vier-Schritte-Programm zum Einsatz bringen, sobald Sie Opfer eines solchen Verhaltens werden sollten.

Eine Konsequenz für Studenten, die noch zu Hause wohnen, ist das Nächstliegende: sie vor die Tür zu setzen. Es reicht allerdings nicht, den Studenten zu bitten, das Haus zu verlassen. Er wird nicht glauben, daß Sie es ernst meinen. Stellen Sie einfach seine Sachen in den Hof, richten Sie sein Zimmer als Nähzimmer ein und fangen Sie an, es zu benutzen. Der ganze Prozeß sollte nicht länger als vier Stunden dauern. Natürlich werden es vier schreckliche Stunden werden, dessen können Sie versichert sein, aber dann ist es vorbei. Sie und Ihr Kind im Studentenalter gehen jetzt eigene Wege.

Das nächste Fallbeispiel erzählt davon, wie eine Mutter diese Konsequenz durchgesetzt hat.

Fallbeispiel Nr. 17: Hilary und Jack und ihr Sohn Bart waren einander immer sehr nah gewesen. Sie liebten Ausflüge, Brettspiele und lustige Filme und verstanden sich prächtig, auch als Bart älter wurde. Als Bart aufs Gymnasium ging, wurden seine besten Freunde immer in den Familienkreis aufgenommen. Weil alles so harmonisch verlief, waren Hilary und Jack immer davon ausgegangen, daß Bart zu Hause wohnen bleiben würde, wenn er die Universität am Ort besuchen würde. Diese Universität hatte einen sehr guten Ruf – es gab keinen Grund für Bart, an eine andere Universität zu gehen.

Aber bereits nach wenigen Wochen von Barts erstem Semester

wünschten Hilary und Jack, ihr Sohn hätte sein Studium an einem anderen Ort begonnen – irgendwo, solange es nur nicht in ihrer Stadt war, wo sie ihn täglich sahen.

»Früher hatte er schon hin und wieder seine Späße mit uns getrieben«, erinnert sich Hilary. »Manchmal waren sie etwas deftiger, aber es fehlte nie an Witz und Zärtlichkeit. Und wir machten unsere Späße mit ihm.« Nein, diese Späße waren alles andere als Frechheiten, darauf besteht Hilary. Er machte »einfach nur Spaß. Das ist ein Unterschied.«

Seit er an der Universität war, wurden aus Barts Späßen Unverschämtheiten. »Das erste Mal war schrecklich«, erinnerte sich Hilary mit Tränen in den Augen. »Wir saßen am Tisch und warteten darauf, daß er zum Abendessen nach Hause kam. Da stürzte er herein, dieses Mädchen im Arm, und sagte: ›Was ist denn hier los? Könnt ihr nicht ohne mich essen? Müßt ihr denn warten, bis ich hier bin? In ein paar Stunden bin ich wieder unten. Klopft bitte nicht an die Tür.‹« Mit diesen Worten ging er mit dem Mädchen, das zu keinem Zeitpunkt den Eltern vorgestellt worden war, auf sein Zimmer, schloß sich ein und kam erst am nächsten Morgen um halb sechs wieder zum Vorschein, als Hilary ihn leise mit dem Mädchen zum Auto gehen sah. »Wahrscheinlich hatte er etwas getrunken, als er so mit uns sprach, aber es hat trotzdem sehr weh getan«, sagte Hilary.

Da sie völlig überrascht worden waren, hatten Jack und Hilary keine Vorstellung, wie sie reagieren sollten. Nach verschiedenen ähnlichen Vorfällen und einer Woche Herbstferien, in der Bart andauernd unverschämt zu ihnen war und unter anderem seinen Eltern die Schuld daran gab, daß sie ihm kein Geld für einen Skiausflug geben konnten, zu dem seine Kommilitonen verreist waren, entschieden sich die Eltern schließlich, einzuschreiten und zu handeln.

»Als Bart am Montag nach der Ferienwoche von der Vorlesung nach Hause kam, fand er all seine Sachen auf dem Rasen vor. Ich hatte sie an dem Morgen zusammengepackt. Er war schockiert. Er sagte, er brauche Zeit, um ein Zimmer zu finden. Wir sagten: ›Geh jetzt!‹ Es gab keine Diskussion. Als er schließlich zu betteln begann und sagte, er wisse nicht, wo er hingehen solle, haben wir uns umgedreht und sind ins Haus gegangen. Er folgte uns ins Haus und sagte, er würde auch von nun an nett zu uns sein, wenn er nur bleiben könne. Ich antwortete ihm, daß Jack in seinem Zimmer bereits ein Büro eingerichtet habe.«

Schließlich hatte Bart keine Wahl mehr. Er packte seine Sachen in sein Auto und fuhr weg. Verfiel Bart den Drogen, wurde er zum Verbrecher, gab er sich mit finsteren Gestalten ab? Hat er die Uni abgebrochen? Traf irgendeine der anderen schlimmen Konsequenzen ein, die von Hilarys Mutter, von Jacks Mutter und von verschiedensten Freunden vorhergesagt worden waren?

»Es passierte folgendes«, berichtete Hilary. »Bart fand drei Jungen mit einer Wohnung, die noch einen Mitbewohner suchten. Da es nur ein Schlafzimmer gab, mußte er im Wohnzimmer auf dem Boden schlafen, denn das Sofa war auch schon besetzt. Dann bekam er einen Job beim Studentenausschuß und räumte Tische in der Cafeteria ab, um seinen Anteil der Miete und der Nebenkosten zu bezahlen. Am Ende des ersten Semesters war er in vier Kursen durchgefallen und hatte nur einen mehr schlecht als recht bestanden.

Im dritten Semester hatte er einen Platz im Studentenwohnheim und war zum Berater für Studienanfänger avanciert. Seine Noten bewegten sich im oberen Durchschnitt, und er arbeitete halbtags bei einer Regierungsbehörde, die ihn, so hoffte er, nach seinem Studienabschluß einstellen würde. Dann zog er mit seiner festen Freundin zusammen, die er kennengelernt hatte, als er beim Studentenausschuß gejobbt hatte. Die beiden jungen Leute sind jetzt verlobt. Nichts an dieser ganzen Geschichte ist besonders spektakulär«, fügte Hilary hinzu. »Aber es ist jedenfalls erheblich besser als das, was mit ihm im ersten Semester geschah. Wir glauben, daß unser Rausschmiß ihn dazu gezwungen hat, sein Leben auf eine Weise in die Hand zu nehmen, wie er es sonst wahrscheinlich erst Jahre später getan hätte.«

Barts freches Verhalten war unter Umständen ein Zeichen für

sein Bedürfnis, eigenständig zu sein und sich von seinen Eltern zu lösen. Trotzdem muß freches Verhalten nicht unbedingt die Methode sein, mit der dieser Prozeß zum Abschluß gebracht wird.

Wenn Ihr Kind nach Beginn der Universität nicht mehr zu Hause wohnt, sondern in einer Wohngemeinschaft oder einem Studentenwohnheim, so stellen Sie sich auf freches Benehmen ein, wenn es zu Besuch kommt. Kinder, die ihr Zuhause verlassen, um zur Universität zu gehen, kommen häufig bereits in den ersten Ferien als neue Menschen zurück. Und sehr oft ist das Verhalten dieser jungen Menschen ganz besonders unverschämt, so daß sie bei jeder Gelegenheit, insbesondere auch vor Gästen, die sie mitgebracht haben, ihre Respektlosigkeit demonstrieren müssen.

Das Vier-Schritte-Programm ist in diesen Fällen eindeutig angebracht. Die passenden Konsequenzen auszuwählen mag allerdings eine echte Herausforderung sein. Es ist natürlich völlig anders als bei Kindern, die noch mit Ihnen unter einem Dach leben. Ein Student ist ein erwachsener Mensch mit einem eigenen Willen, eigenen Gedanken und, in den meisten Fällen, einem eigenen Auto und einem eigenen Job. Einige Vorschläge für Konsequenzen seien hier genannt; einige sind drastisch, andere eher sanft, und wieder andere liegen zwischen diesen Extremen.

Drastische Konsequenzen

- »Dieser respektlose Ton wird in unserem Hause nicht toleriert. Deswegen möchten wir, daß du den Rest der Ferien woanders verbringst. In einer Stunde hast du deine Sachen gepackt.« Wenn das Kind nach einer Stunde nicht von selbst seine Sachen zusammengesucht hat, packen Sie seinen Kram und stellen ihn vor die Tür.

- »Dieser respektlose Ton wird bei uns nicht toleriert. Deswegen haben wir keine rechte Freude daran, wenn du in diesen Ferien hierbleibst. Morgen früh fahren wir dich zurück zur Uni (oder: Morgen setzen wir dich ins Flugzeug, in den Zug usw.).«

- »Dieser respektlose Ton wird in unserem Hause nicht toleriert. Wir haben keine Lust, noch einmal eine ganze Ferienzeit unter solchen Ausfällen zu leiden. Wir haben heute zwei Tickets nach Mallorca gekauft, und wir werden am ersten Tag deiner nächsten Ferien abreisen. Tante Hester und ihre Eltern werden das Haus hüten, während wir nicht da sind. Such dir bitte etwas anderes für die Ferien, hierher kannst du nicht kommen.«

Sanfte Konsequenzen

- »Uns geht es ziemlich an die Nieren, daß du uns gesagt hast, daß wir die wichtigsten Bücher nicht gelesen haben. Wir wollen uns deshalb ein wenig entspannen und fahren heute abend in die Stadt. Ja, wir hatten zwar gesagt, daß du den Wagen nehmen könntest, aber wir brauchen ihn jetzt selbst.«

- »Als du mir gesagt hast, ich würde nur Liebesromane lesen, hat mich das sehr getroffen. Damit ich mich von dem Schock ein wenig erhole, werde ich morgen den ganzen Tag auf der Blumenschau verbringen. Ich weiß, ich wollte eigentlich für dein Klassentreffen kochen, aber ich habe mir überlegt, daß es wichtiger für mich ist, statt dessen zur Blumenschau zu gehen.«

Gemäßigte Konsequenzen

- »Es hat uns ziemlich verletzt, als du uns mit herablassender Stimme sagen mußtest, daß unsere Bilder im Wohnzimmer wohl eher ›Dekoration, aber keine Kunst‹ seien, und daß du auch alle anderen Dinge in unserer Wohnung, die uns seit Jahren gut gefallen, mit deiner Kritik nicht schonst. Deshalb möchten wir diese Ferien nicht mehr mit dir verbringen. Wir haben beschlossen, in den nächsten Tagen herumzufahren und verschiedene Kunstmuseen zu besuchen. Ja, wir wissen, daß wir gesagt hatten, du könntest noch Kommilitonen von der Uni für diese Tage einladen, aber das möchten wir nicht, wenn wir nicht hier sind. Deshalb wirst du deinen Freunden wohl sagen müssen, daß sie ihre Pläne ändern müssen.«

- »Mir gefällt es ganz einfach nicht, wenn du mir verkündest, ich sei eine konsumorientierte und fernsehsüchtige Hausfrau. Also werde ich von nun an in diesen Ferien abends ins Theater oder ins Konzert gehen. Natürlich brauche ich das Auto dafür. Ich bin sicher, daß du anderweitig Ersatz findest, was Transport und Verpflegung angeht.«

- »Mir hat es überhaupt nicht gefallen, daß du meine Küche fett und ungesund nennst. Deshalb habe ich in diesen Ferien keine Lust mehr, für dich zu kochen. Ich hatte eigentlich gesagt, ich würde zu Abschluß der Ferien ein besonderes Abendessen zubereiten, aber ich habe mich entschieden, statt dessen lieber zum Essen auszugehen.«

Wie Sie inzwischen bereits wissen, müssen Sie diese Ankündigungen rigoros durchsetzen und keine Diskussion zulassen – und zwar ohne Pardon, denn Studenten sind wahrscheinlich die hartnäckigsten Menschen der Welt. Es ist die gleiche Ausdauer, die sie tagelang vor Verkaufsschaltern kampieren läßt, um Eintrittskarten für ein Rockkonzert zu bekommen, oder die sie mit nur ein paar Mark in der Tasche auf eine Trekking-Tour nach Nepal gehen läßt, mit einem Paar Turnschuhen im Rucksack und sechs gigantischen Schokoladentafeln.

Aber fassen Sie sich. Das Vier-Schritte-Programm funktioniert nicht nur bei Ihren Kindern im Studentenalter, es ist die *einzige* Sache, die tatsächlich funktioniert.

UMGANG MIT FRECHHEIT BEI ERWACHSENEN KINDERN

Auch wenn Sie sich noch nie mit dem frechen Verhalten Ihres Kindes auseinandergesetzt haben, so denken Sie daran, daß es nie zu spät ist, um damit zu beginnen. Sie müssen frechem Benehmen kontinuierlich begegnen, wenn Sie zu Ihrem Kind eine gute Beziehung wünschen, ist es erst einmal erwachsen. Wenn Sie sich nicht darum kümmern, tragen Sie selbst die Verantwortung dafür, wenn das Verhältnis zu diesem Kind Ihr Leben lang problematisch bleibt.

Viele Kinder sind auch als Erwachsene frech. Dafür gibt es mindestens drei Gründe:

1. Der Erwachsene will auch weiterhin Ihr Kind sein.

Dieses Kind bekam normalerweise seinen Willen während der Jahre seiner Charakterprägung. Obwohl es Sie schlecht behandelte, hatte dieses Kind eindeutig den Status eines besonderen Lieblings in Ihrem Leben, und diesen Status möchte es auf keinen Fall aufgeben. Seine Unverschämtheiten sind seine Art und Weise, Ihnen deutlich zu machen, wer immer noch den Ton angibt. Das folgende Fallbeispiel zeigt, wie dieses Verhalten funktioniert und was die besten Konsequenzen sein könnten.

Fallbeispiel Nr. 18: Chad war das innig geliebte Einzelkind von Jay und Carol. Chad wuchs so verhätschelt und verwöhnt auf, daß er das Gefühl haben mußte, sich alles erlauben zu können. Er konnte frech zu seinen Eltern sein, wann immer ihm der Sinn danach stand. Nach der Scheidung seiner Eltern entwickelte sich ein besonders enges Verhältnis zu seinem Vater Jay.

Nach seiner Pensionierung begann Jay, seinem Sohn in dessen Marketingfirma zu helfen, und machte aus einem unscheinbaren Betrieb innerhalb weniger Jahre einen Riesenerfolg. Eines schönen Tages sagte Chad zu seinem Vater, als dieser zur Arbeit kam, er solle doch nach Hause gehen. Der Vater antwortete, er würde lieber im Büro bleiben; so hätte er das Gefühl, er würde gebraucht. Mit arroganter Stimme gab Chad zurück: »Vater, ich will nicht, daß du jeden Tag ins Büro kommst. Unsere Firma soll ein junges und dynamisches Image haben – und du ruinierst das so ziemlich, wenn du hier im Büro sitzt.«

Chads Empfangsdame, die auch seine Verlobte war, war völlig schockiert. »Wie kannst du nur so mit deinem Vater reden?« rief sie aus. »Kein Problem, Papa ist bei mir daran gewöhnt, ich war immer sein frecher Junge«, sagte Chad liebevoll. »Außerdem mag er es, wenn ich ihm die nackte Wahrheit sage. Nicht wahr, Papa?«

Jay lächelte. Und er ging wirklich. Er ging schnurstracks zu seinem Anwalt, veranlaßte die Trennung sämtlicher Geschäftsverbindungen zur Firma seines Sohnes Chad und verlangte seine finanziellen Einlagen zurück. Chad war noch nie mit Konsequenzen seines unverschämten Verhaltens konfrontiert worden – er reagierte verstört. Er ging zunächst davon aus, daß sein Vater es sich noch einmal überlegen würde. Aber Jay bestand auf der Konsequenz und löste sich von der Auseinandersetzung, indem er sich weigerte, Chads aufgeregte Telefonanrufe weiterhin zu beantworten. Sein Vater machte sich mit einem Partner, einem Mann seines Alters, selbständig und hat inzwischen wieder viel Erfolg. Chad dagegen muß mit großen Schwierigkeiten kämpfen, seine Einnahmen sind um zwei Drittel zurückgegangen.

2. Der Erwachsene versucht immer noch, sich als Individuum zu finden.

Erwachsene Kinder, die aus diesem Grund unverschämt sind, haben oft eine extrem enge Bindung zu ihren Eltern. Sie telefonieren mindestens einmal am Tag miteinander und fahren zusammen in Urlaub. Eltern nehmen grundsätzlich noch immer ihr Kind zu Festen oder anderen gesellschaftlichen Ereignissen mit, ob es nun eingeladen ist oder nicht. Und auch die Kinder haben gerne ihre Eltern dabei. Sie sind einfach überzeugt davon, daß alle anderen Menschen begeistert sein werden, mit dem Rest der Familie zusammenzutreffen.

Trotz dieses scheinbaren Familienglücks kämpft das Kind darum, sich von den Eltern zu lösen und endlich auf eigenen Beinen zu stehen. Es muß sich irgendwie von dieser Beziehung lösen. Es ist ein schrecklicher Kampf, denn er führt zu Schuldgefühlen auf der einen und zu Wutausbrüchen auf der anderen Seite. Unser Fallbeispiel Nr. 19 zeigt, wie dieser Versuch, der Nähe zu den Eltern ein wenig zu entkommen, zu frechem Verhalten führen kann.

Fallbeispiel Nr. 19: Rilla und Nan hatten während der schwierigen Teenagerjahre von Rilla Probleme miteinander. Rilla lebte daraufhin für eine Weile bei ihrem Vater, der zum zweiten Mal verheiratet war. Auf die Dauer gab es jedoch Konflikte mit der Stiefmutter, die nicht viel älter war als Rilla selbst. Also zog Rilla wieder zu ihrer Mutter.

Aus verschiedenen Gründen entwickelte es sich allmählich so, daß Rilla und ihre Mutter wie Schwestern zusammenlebten. Das liegt unter anderem daran, daß Nan sehr einsam war und Rilla das Gefühl nicht loswurde, im Herzen ihres Vaters von ihrer Stiefmutter ersetzt worden zu sein. Die beiden Frauen begannen, die gleichen Kleider anzuziehen und die gleiche Frisur zu tragen. Sie verbrachten ihre gesamte Freizeit miteinander. Wenn Freunde Nan zum Essen oder ins Kino einluden, dann brachte sie ihre Tochter mit. Wenn Nan feststellte, daß ihre Freunde sich nicht darüber freuten, daß ihre Tochter sie begleitete, ärgerte sie sich und brach die Beziehung zu diesen Leuten ab. Sie und Rilla waren so unzertrennlich, daß Nan während der Jahre, die ihre Tochter bei ihr wohnte, praktisch kein Privatleben mehr hatte. Aber Nan sagte zu den wenigen alten Freunden, die ihr geblieben waren, daß es so wohl das beste sei. Rilla schien endlich die elterliche Fürsorge zu bekommen, die ihr während ihrer Kindheit gefehlt hatte, und sie entwickelte immer mehr Selbstvertrauen. Prompt bekam sie kurz nach ihrem Abschluß an der Universität einen guten Job in einem Krankenhaus, und kurz darauf wurde sie an die Westküste versetzt.

Nach etwa sechs Monaten flog Nan an die Westküste, um sie zu besuchen. Sie freute sich auf ein glückliches Wiedersehen mit ihrer Tochter, die sie in der Zwischenzeit sehr vermißt hatte. Rilla holte sie am Flughafen ab, in Begleitung eines jungen Mannes, der auch im Krankenhaus arbeitete.

»Komm bloß nicht auf falsche Gedanken, was ihn und mich angeht«, sagte Rilla ihrer Mutter, noch während der junge Mann Nans Gepäck holte. »Wie sollte ich denn auf falsche Gedanken kommen?« antwortete Nan lachend, in der Meinung, Rilla mache einen Scherz. »Ich weiß, wie du bist«, gab Rilla schnippisch und ärgerlich zur Antwort. »Du mußt überall deine Nase hineinstekken, in alles, was ich tue, und mußt immer wissen, mit wem ich gerade ausgehe.«

»Aber meine liebe Rilla«, begann Nan, vor Schmerz und Scham war sie fast erstarrt. »Hier wirst du dich jedenfalls nicht so verhalten«, fügte Rilla noch knapp hinzu. »Und jetzt beeile dich bitte etwas, wir haben nicht soviel Zeit. Und ich hoffe, du hast einen leichteren Mantel als diesen falschen Pelz mitgebracht. Hier ist es viel zu warm für den dicken alten Plunder.«

»Vielleicht kannst du ja mit mir einkaufen gehen«, fragte Nan zaghaft an. »Mutter, wenn du bis heute noch nicht weißt, was du wo kaufen kannst, vergiß es. Ich werde doch nicht dein ganzes Leben lang deine Hand halten.«

Die Unverschämtheiten gingen in diesem Stil weiter und wurden mit der Dauer des Besuches immer schlimmer. Nan wußte sich nicht zu helfen, und sie ertrug das freche Verhalten über die gesamte Dauer ihres Besuches. Aber bei ihrem nächsten Besuch im Jahr darauf war sie besser vorbereitet und wußte, was sie tun mußte. Bei Rillas erster Attacke, noch am Flughafen, sagte Nan ohne Zögern: »Liebes, dieses Benehmen kann ich nicht tolerieren.

Deshalb werde ich auf dieser Reise nicht bei dir wohnen und auch nicht zu dir kommen, um dich zu sehen. Vielleicht können wir bei meiner nächsten Reise hierher etwas mehr Zeit miteinander verbringen.«

Mit diesen Worten gab sie ihrer verblüfften Tochter einen Abschiedskuß und nahm ein Taxi zum Hotel. Da sie sich ziemlich sicher gewesen war, daß so etwas passieren würde, hatte sie schon Monate vorher ein Zimmer reserviert. Sie ließ ihre Tochter nicht wissen, wo sie untergebracht war, und nachdem sie einmal über den anfänglichen Schmerz hinweggekommen war, nicht bei ihrer Tochter zu sein, hat sie einen schönen Urlaub verbracht.

Nans wenige verbliebene Freunde waren der Meinung, daß sie zu hart zu ihrer Tochter war. Sie wußte aber, daß in ihrem Verhältnis zu Rilla der nötige Respekt fehlte. Das freche und unverschämte Benehmen der Tochter war ihr unerträglich, es mußte auf jeden Fall eine Änderung eintreten.

In Nans Augen lag das Benehmen der Tochter daran, daß sie ein Leben unabhängig von ihrer Mutter aufbauen wollte. Rilla hatte wahrscheinlich Angst, daß ihre Mutter an ihrem neuen Lebensstil, der ihr immer besser gefiel, zu sehr Anteil nehmen könnte. Sie wußte sehr wohl, daß Nan jetzt allein war, praktisch ohne Freunde oder gesellschaftliche Kontakte, und daß sie die Gesellschaft der Tochter immer noch nicht ersetzt hatte. Aber während Rilla durchaus recht daran tat, ihre Mutter auf eine gewisse Distanz zu halten, so hatte sie doch kein Recht dazu, diese Distanz durch respektloses Verhalten zu schaffen.

3. Der Erwachsene ist in einem Haushalt aufgewachsen, in dem ein Elternteil Alkoholiker war oder auf eine andere Art und Weise mit einem persönlichen Problem zu kämpfen hatte.

Bei respektlosem Benehmen geht es darum, andere Menschen zu kontrollieren. Wenn ein Kind es schafft, die Gefühle eines anderen nach Lust und Laune zu beeinflussen, so kontrolliert dieses Kind, was dieser Mensch denkt, fühlt und tut. Das nächste Fallbeispiel zeigt das respektlose Verhalten eines Erwachsenen, das wahrscheinlich vom Alkoholismus des Vaters verursacht wurde.

Fallbeispiel Nr. 20: Chet war Alkoholiker während der gesamten Schulzeit seiner beiden Kinder. Dann ging er zu den Anonymen Alkoholikern, hörte mit dem Trinken auf und ist seitdem nüchtern geblieben. Die Zeit, in der er getrunken hatte, Möbel zertrümmert hatte, tagelang verschwunden war und die Familie mit Gewalttaten bedroht hatte, wenn er einmal wieder nach Hause kam – diese Zeit wurde nie erwähnt und war angeblich vergessen. Seine Frau Arlene erzählte allen Leuten, daß die Kinder von diesen fernen Tagen nichts mehr wissen wollten und daß sie inzwischen erfolgreicher seien als alle anderen Kinder, die sie kannte. Chet junior hatte an einer der besten Universitäten der Ostküste Medizin studiert und war nun Internist; sein Bruder Paul ging zur Musikhochschule und unterrichtete nun an einem Gymnasium auf Long Island. Beide heirateten Frauen aus ihrem Fach, Chet junior eine Krankenschwester und Paul eine Violinistin. Sie bauten sich wunderschöne Häuser, machten große Reisen und führten ein erfolgreiches Leben. Arlene und Chet bedauerten es nur, daß Chet junior bald eine Stelle als Chefchirurg an einer Klinik bekam, die Hunderte von Kilometern entfernt lag. Aber sie waren überzeugt, daß sie ihren Sohn oft besuchen würden. Chets junge Ehefrau rief kurz nach dem endgültigen Umzug an und verkündete, daß sie bald ein Baby bekommen würde. Arlene beschloß daraufhin, ihren Besuch bis zur Geburt des Kindes zu verschieben.

»Ich dachte, alles wäre in allerbester Ordnung«, sagte Arlene. »Es war gerade so, als ob sich endlich alles ganz nach meinen Wünschen entwickelt hätte – bis Chet junior mich anrief, um mir zu sagen, ich könnte zur Geburt des Babys nicht kommen.« Bei einem der wichtigsten Ereignisse ihres Lebens sollte seine Mutter nicht dabeisein dürfen? »Er sagte, ich würde einfach nicht dazu passen«, erinnerte sich Arlene. »Ich würde nicht richtig aussehen, ich würde mich nicht passend verhalten, und außerdem würde ich seine Frau nervös machen.« Arlene wußte, daß seine Frau aus einer sehr vermögenden Familie stammte, aber ihr war bisher nicht aufgefallen, wie voreingenommen diese Frau war.

»Ja, wirklich«, antwortete Arlene auf weitere Fragen, und ihre Augen füllten sich mit Tränen, »er gebrauchte tatsächlich diese Worte. Mein eigener Sohn! Es tat einfach unbeschreiblich weh.« Sie gab allerdings zu, daß ihr schon früher hätte auffallen können, wie die Dinge standen. Denn einige Jahre zuvor hatte er ihr eine Liste mit diversen Anordnungen gegeben, bevor sie zu seiner Hochzeit kam. Unter anderem sollte sie eine Diät machen, um einige Pfunde abzunehmen, sie sollte sich die Haare färben und eine bestimmte Frisur machen lassen, und sie sollte für die Hochzeit ein Kostüm kaufen, das farblich zu der Kleidung der übrigen Gäste des Festes paßte.

Ein Therapeut sagte später zu Arlene, daß die Hochzeitsinstruktionen tatsächlich eine Warnung hätten sein sollen. »Der Therapeut war der Meinung, daß die Bitte um eine bestimmte Kostümfarbe wohl legitim gewesen sei, während die anderen Anweisungen nichts als Versuche der Kontrolle gewesen seien.«

Arlene sagte ihrem Sohn, daß sie sein Betragen respektlos und frech empfand. Chet junior explodierte: »Er fing an, mir schreckliche Sachen an den Kopf zu werfen. Es ging weit über Frechheiten hinaus. Er verhielt sich genau so schlimm zu mir wie sein Vater in früheren Tagen, wenn er betrunken war.«

Bis heute ist der Streit nicht beigelegt. Arlene durfte das Baby erst besuchen, als es schon fast ein Jahr alt war. Sie wurde nicht zur Geburtstagsfeier eingeladen, und sie fragte ihren Sohn auch nicht danach. Sie kommt zwar das Baby besuchen, doch bei den ersten Anzeichen mangelnden Respekts seitens ihres Sohnes verläßt sie das Haus. »Es erinnert mich irgendwie daran, wie mein Leben mit seinem Vater war, als der noch trank. Man weiß nie, was noch alles kommt. Mein Sohn benimmt sich wie früher sein Vater, obwohl er doch kein Alkoholiker ist.«

Warum handeln Kinder von Alkoholikern so? Zum Teil liegt es sicherlich daran, daß sie in ihrer Kindheit nichts anderes kennengelernt haben. Der Alkoholiker kontrollierte ihr Leben lang mit seinen willkürlichen Handlungen, mit seiner Neigung, bei den unpassendsten Gelegenheiten zu trinken, wie beispielsweise bei ihren Geburtstagsparties, Schulabschlußfesten und ähnlich wichtigen Ereignissen, bei denen Nüchternheit besonders erwartet wurde. Der Alkoholiker übte außerdem Kontrolle über das Wohlbefinden der ganzen Familie aus, indem er sie mit Worten oder gar mit Schlägen verletzte. Das Kind lernte unbewußt von ihm. Selbst wenn ein alkoholkranker Elternteil mit dem Trinken aufhört oder die Familie verläßt, bleibt das Bedürfnis des Kindes nach Kontrolle fast immer weiterhin bestehen, bis es diese Zusammenhänge erkennt und sich um ärztliche Hilfe bemüht.

Sicherlich gibt es noch viele andere Gründe, warum die Kinder von Alkoholikern häufig dieses Kontrollverhalten zeigen. Doch auf sie näher einzugehen, geht über den Rahmen dieses Buches hinaus. Aber es ist nachvollziehbar, daß verletzende Bemerkungen selbst den nettesten Kindern entfahren können – wenn sie ihre Kindheit mit einem Alkoholiker verbringen mußten.

Auch erwachsene Kinder können respektlos sein, wie wir in den genannten Fällen gesehen haben. Ihr freches Verhalten schmerzt besonders, weil den Eltern viel daran liegt, ein freundschaftliches Verhältnis zu ihren Kindern zu haben. Wenn man Konsequenzen ergreift, dann haben diese meist zur Folge, daß sich die Wege von Eltern und Kind trennen – wenn auch hoffentlich nur für kürzere Zeit. Andere Konsequenzen, wie etwa sie nicht zum Haus eines Freundes zu fahren, haben in diesem Lebensabschnitt der Kinder nun einmal keinen Sinn mehr.

Dieser Rückzug von den Kindern hilft oft auch den Eltern. Sie kommen zu der Einsicht, daß sie ein eigenes Leben unabhängig vom Leben ihrer erwachsenen Kinder führen müssen, wenn sie es bisher noch nicht begonnen hatten. Was ist in solchen Fällen die Reaktion auf die Konsequenz der Eltern? Hört das Kind auf, sich respektlos zu verhalten? Die Antwort ist wohl fast immer ja – es sei denn, die Eltern hätten ihrem Sohn oder ihrer Tochter während der Kindheit etwas völlig Unverzeihliches angetan.

RAT, HILFE UND UNTERSTÜTZUNG

Wenn Sie nicht gerade sehr einsam auf dem Land leben, dürfte es relativ leicht sein, eine Elterngruppe zu finden. Fragen Sie bei den verschiedenen Sozialdiensten der Kirchen oder Kommunen nach. Vielleicht gibt es in Ihrer Stadt sogar eine Zeitschrift oder Schriftenreihe, die sich speziell an Eltern richtet, vielleicht gibt es auch Begegnungszentren, in denen Elterngruppen und Elternseminare angeboten werden. Rufen Sie sonst auch bei Schulen an, oder versuchen Sie es bei Läden für Kinderkleidung oder Spielzeug.

Sie werden großen Nutzen aus der Teilnahme an einer Elterngruppe ziehen können, insbesondere wenn Sie dort auf Menschen treffen, die mit den in diesem Buch dargelegten Prinzipien übereinstimmen. Sie sollten den Leiter oder der Leiterin der jeweiligen Gruppe danach fragen. Vielleicht reicht es auch, wenn Sie sich danach erkundigen, ob sich die Gruppe an den Prinzipien von Alfred Adler und Rudolf Dreikurs orientiert.

Wenn der Gruppenleiter das verneint, Ihnen aber versichert, daß diese Gruppe in puncto Frechheiten den gleichen Nutzen bieten würde, machen Sie mit. Vielleicht stellt sich die Teilnahme als ebenso vorteilhaft heraus – wenn Ihre Ansichten zum Thema freches Verhalten geteilt werden. Wenn dies nicht der Fall sein sollte, könnte die Teilnahme bei dieser Gruppe schnell dazu führen, daß Ihre Entschlossenheit gegenüber Respektlosigkeit abgeschwächt wird. In der falschen Gruppe kann es Ihnen passieren, daß Sie folgende Dinge erleben:

Zweifel Sollten Sie wirklich versuchen, die natürlichen Äußerungen Ihres Kindes zu unterdrücken? Das Kind möchte sich doch nur mitteilen.

Angst Konsequenzen durchzusetzen könnte bei Ihrem Kind zu Verhaltensstörungen führen.

Verwirrung »Einen Moment mal«, wollen Sie oft zu den anderen Mitgliedern der Gruppe sagen. »Wenn ich sage, daß ich auf das Fehlverhalten meines Kindes reagiere, so wird mir vorgeworfen, ich wäre dem Kind gegenüber nicht einfühlsam genug. Wenn ich dem Kind jede Frechheit durchgehen lasse, dann gebe ich ihm nicht genug Orientierungshilfen. Ich bin etwas verwirrt!« Aber Sie werden diese Dinge nicht sagen, denn Ihnen liegt an der Zustimmung der anderen Gruppenmitglieder.

Unsicherheit Überaus selbstbewußte Gruppenmitglieder werden sagen, daß sich ihre Kinder nie frech benehmen. Wenn Ihre Kinder das tun, stimmt mit Ihnen sicher irgend etwas nicht. Schon sind Sie verunsichert, wissen nicht, ob Sie Ihren Kindern die richtigen Hilfen auf den Lebensweg mitgeben, ganz zu schweigen davon, ob Sie sie auch richtig erziehen.

Selbstmitleid Die meiste Zeit wird bei Gruppenzusammenkünften dafür verwendet, Klagen zu äußern über die Dinge, die Kinder getan haben, um ihre Eltern zu verletzen. Sie entdecken, daß Sie problemlos mitmachen können, und Sie beschweren sich lauter und detaillierter als alle anderen Gruppenmitglieder. Nach einigen Zusammenkünften fühlen Sie sich *wirklich* auf eine Weise mißhandelt, wie Sie es noch nie zuvor erlebt haben.

All diese Gefühle werden hauptsächlich aus einem Grund hervorgerufen: Die Gruppe hat keine klare und eindeutige Ausrichtung und fällt deshalb den Ansichten ihrer dominierenden Mitglieder zum Opfer. Da diese Mitglieder jedoch selten eine professionelle Ausbildung in diesem Fachbereich haben, sind ihre Ansichten flatterhaft wie ein Fähnchen im Wind, ganz davon abhängig, mit wem sie sprechen oder was sie gerade gelesen oder im Fernsehen gesehen haben. Dazu kommt, daß sie nach jedem Meinungswechsel nicht mehr zu dem stehen, was sie vorher propagiert haben. »Natürlich haben meine Kinder immer eine fortschrittliche Erziehung bekommen«, wird eine Frau der Gruppe hartnäckig behaupten und dabei völlig vergessen – oder sich nicht erinnern wollen –, daß sie noch zwei Tage zuvor drakonische Strafmaßnahmen für Kinder gefordert hat.

Gruppen, die sich auf eine Grundeinstellung in Erziehungsfragen geeinigt haben, können trotzdem flexibel sein. Aber sie haben dann einen gemeinsamen Nenner, auf dessen Grundlage sie die jeweiligen Probleme der Gruppenmitglieder analysieren können. Die Philosophie Alfred Adlers unterstreicht zum Beispiel die Wichtigkeit respektvollen Verhaltens im Kreise der Familie. Also wird unverschämtes Benehmen als eine Äußerung mangelnden Respekts gesehen. Wenn man vom Standpunkt der antiautoritären Erziehung etwa A. S. Neills ausgeht, dann erschiene freches Verhalten als kreativ, aufregend, dynamisch und gesund. Wie wir nun ausführlich dargelegt haben, stimmen wir mit dieser Sichtweise nicht überein. Sie werden jedoch viele Bücher und Lehrmeinungen finden, die ihn in jeder Hinsicht unterstützen. Aber Sie sollten sich fragen, ob Sie wirklich so einen Erziehungsansatz wollen.

Wie Sie die Ausrichtung einer Gruppe bestimmen

Auch wenn eine Gruppe keiner Schule folgt oder auf keinem theoretischen Standpunkt begründet ist, so enthüllt sie ihre momentane Ausrichtung in den Antworten auf bestimmte Fragen. Sie sollten dem Gruppenleiter oder den Mitgliedern auf jeden Fall die Fragen stellen, die Ihnen am meisten am Herzen liegen. Zum Beispiel:

- Fragen Sie ohne Umschweife, wie die anderen zum Thema Frechheiten eingestellt sind. Wenn die Gruppenmitglieder sich untereinander ansehen oder zögern, so sollten Sie Vorsicht walten lassen. Das gilt auch für Äußerungen wie: »Also, das hängt ganz von dem Kind und von den Umständen ab.«
- Fragen Sie, ob sie Schläge verurteilen. Sollten Sie Antworten von der Sorte »Das hängt ganz von den Umständen ab« bekommen, können Sie sicher sein, daß diese Gruppe nicht auf den Prinzipien von Adler und Dreikurs begründet ist.
- Fragen Sie nach den Büchern, die sie Ihnen zum Thema Kindererziehung empfehlen können. Sollten Sie keine Empfehlungen bekommen, wissen Sie, daß diese Gruppe keiner bestimmten Schule folgt – also auch nicht der Grundeinstellung Rechnung trägt, die Sie für richtig erachten.

Wenn die Gruppe Ihre Grundeinstellung und Ansichten zum Thema freches Verhalten nicht teilt, jedoch aus Mitgliedern besteht, die Ihnen sympathisch sind, werden Sie vielleicht mitmachen wollen, aber dabei auch Ihren eigenen Weg verfolgen wollen. Erzählen Sie den anderen Mitgliedern von den Fortschritten, die Sie mit dem Vier-Schritte-Programm gemacht haben. Vielleicht interessiert sich ja der eine oder andere für Ihren Ansatz. Vermeiden Sie jedoch jeden Versuch, die anderen Mitglieder zu irgend etwas zu bekehren. Ihnen würde es auch nicht gefallen, wenn man es mit Ihnen versuchen würde.

Gründen Sie Ihre eigene Elterngruppe

Sollte es in Ihrer Gegend keine Elterngruppen geben, versuchen Sie einfach, Ihre eigene Gruppe zu gründen. Suchen Sie sich einen Versammlungsraum (am besten einen Raum in einem Gemeindezentrum oder in einem anderen öffentlichen Gebäude), und bestimmen Sie den Versammlungstag und die Versammlungszeit. Geben Sie nach Möglichkeit nicht Ihre private Telefonnummer an; es ist keine besonders gute Idee, bei solchen Gelegenheiten seine Telefonnummer öffentlich zu machen. Wenn möglich, nutzen Sie ein Geschäftstelefon.

Wählen Sie ein Erziehungsbuch aus, das den Mitgliedern der Gruppe als Grundlagentext dienen soll. Die Gruppe könnte sich auf ein einziges Thema konzentrieren, wie zum Beispiel Respektlosigkeit und Frechheiten der Kinder. Natürlich kann man auch andere Themen erörtern, die einzelnen Mitgliedern der Gruppe besonders am Herzen liegen.

Hängen Sie Ankündigungen Ihrer Zusammenkünfte ans Schwarze Brett von Kirchengemeinden oder kommunalen Einrichtungen (wenn das möglich ist), denken Sie auch an öffentliche Büchereien und an die Universität. Schicken Sie Ankündigungen an die Lokalzeitungen und an Fernseh- oder Radiosender, die Gemeindenachrichten verbreiten.

Stellen Sie Erfrischungsgetränke für das erste Treffen bereit. Sollte niemand erscheinen, laden Sie noch einmal ein, ehe Sie aufgeben.

Vielleicht ist dieses Beispiel für die Einladung zu einem Treffen dieser neuen Gruppe ganz hilfreich:

> Haben Sie Interesse an Gesprächen über Kindererziehung?
> Wir wollen eine Gesprächsgruppe für Eltern gründen.
> Die erste Zusammenkunft der neuen Gruppe ist von 10 Uhr bis 11.30 Uhr am Donnerstag, dem 3. Januar, im Raum A 2 der Stadtbücherei geplant.
> Kinder können leider nicht beaufsichtigt werden. Bitte kommen Sie! Wir freuen uns auf Ihre Teilnahme.

Sie werden versucht sein, den Eltern zu sagen, daß sie ihre Kinder zu der Zusammenkunft mitbringen können, aber das wäre keine gute Idee. Eltern können sich nicht konzentrieren, wenn Kinder dazwischen herumrennen.

Wenn es Ihnen lieber ist, grenzen Sie das Alter der Kinder ein. Wählen Sie eine bestimmte Altersgruppe, über die diskutiert werden soll, wie zum Beispiel Vorschulkinder, Grundschüler oder Teenager.

Beim ersten Treffen sollten Sie sich vorstellen und erläutern, warum Sie eine Gruppe gründen wollen, welches Erziehungsthema Ihnen im Moment am meisten am Herzen liegt und aus welchem Grund. Dann bitten Sie andere Freiwillige darum, sich vorzustellen, das Alter ihrer Kinder zu nennen, die Erziehungsthemen zu erwähnen, über die sie sprechen möchten, und sonstige Informationen zu geben, die ihrer Meinung nach für die Gruppe von Interesse sein könnten.

An dieser Stelle könnten Sie fragen, ob jemand ein besonders dringendes Problem hat. Wahrscheinlich wird sich jemand melden, sollte dies allerdings nicht der Fall sein, so sollten Sie selbst einspringen können. Inzwischen haben Sie wohl eine recht lebhafte Unterhaltung in Gang gebracht. Achten Sie darauf, daß die stilleren Gruppenmitglieder auch zum Zuge kommen. Vielleicht brauchen sie nur ein wenig freundliche Ermutigung. Versuchen Sie, sich regelmäßig mit Ihrer Gruppe zu treffen, und sorgen Sie dafür, daß alle Mitglieder die Chance zum aktiven Mitmachen erhalten.

Wenn die gesamte Gruppe sich mit Frechheit und Respektlosigkeit auseinandersetzen will, ergreifen Sie diese einmalige Gelegenheit. Sie können *dieses* Buch als Grundlagentext benutzen!

HÄUFIGE FRAGEN VON ELTERN ZUM THEMA FRECHHEIT

Als unsere Bekannten herausfanden, daß wir ein Buch über freches Verhalten schreiben, wurden uns dazu oft spezifische Fragen gestellt.

Die wichtigsten Fragen haben wir an dieser Stelle für Sie zusammengefaßt.

- Warum ist mein siebenjähriger Sohn gerade dann besonders frech, wenn ich ihn nach der Arbeit von der Kindertagesstätte abhole? Was kann ich dagegen tun? Wir sind ansonsten sehr zufrieden mit dieser Kindertagesstätte und sehen absolut keinen Grund für ein solches Verhalten.

Ihr Sohn ahmt wahrscheinlich das Verhalten anderer Kinder nach, deren Eltern nichts gegen Frechheiten unternehmen. Reagieren Sie so wie auf alle anderen Frechheiten. Sagen Sie ihm, daß sein Verhalten ungehörig ist, daß es in diesem Fall unnötigerweise Ihre Kraft verbraucht und daß Sie konsequenterweise etwas nicht tun werden, das er von Ihnen erwartet. Bevor Sie ihn das nächste Mal nach der Arbeit abholen, überlegen Sie sich Ihre mögliche Reaktion auf eine Frechheit. Wenn er Ihnen wieder frech kommt, tun Sie, was Sie sich vorgenommen haben. Seien Sie konsequent und wenden Sie sich dann anderen Dingen zu. Wenn Sie normalerweise auf dem Weg nach Hause anhalten, um ihm etwas Leckeres zu kaufen, so wäre es nur konsequent, wenn Sie nun diesen Halt unterlassen. Ebenso gut wäre es, andere Dinge ausfallen zu lassen, die normalerweise üblich sind, sobald Sie nach Hause gekommen sind. Ihnen wird da schon etwas einfallen. Die Lektüre dieses Buches, insbesondere der Kapitel »Alleinstehende Eltern und Frechheit«, Seite 89 und »Berufstätige Eltern und Frechheit«, Seite 95, wird Sie noch mit der einen oder anderen Idee vertraut machen, auf die Sie vielleicht noch nicht gekommen sind.

- Unser zehnjähriger Sohn bombardiert uns mit schrecklichen Widerworten, immer wenn wir ihm sein Videospiel wegnehmen. Er wird dabei so ausfallend, daß ich ihn aus diesem Grunde lieber viel länger spielen lasse als eigentlich vorgesehen. Was sollte ich tun?

Erinnern Sie ihn daran, daß eine bestimmte Spieldauer an seinem Videospiel vereinbart war. Sagen Sie ihm, daß Sie es nicht dulden, wenn er ausfallend wird, sobald er einige Zeit mit dem Videospiel verbracht hat. Sagen Sie ihm, daß er aufgrund dieses Benehmens am nächsten Tag überhaupt nicht mit dem Videospiel spielen wird. Setzen Sie dies am nächsten Tag konsequent durch, und entziehen Sie sich seinen mit Sicherheit einsetzenden Protesten. Am darauffolgenden Tag kann er dann sein Videospiel wie üblich spielen. Sollte er wiederum frech werden, wenn er mit dem Spiel aufhören soll, wiederholen Sie die Prozedur und lassen ihn erneut am nächsten Tag nicht spielen.

- Mein Mann erlaubt den Kindern einfach alles. Deshalb werden unser neunjähriger Sohn und unsere zwölfjährige Tochter immer frecher. Mein Mann findet die Kinder niedlich, und mir gelingt es nicht, Disziplin herzustellen, weil die Kinder wissen, daß er nachgeben wird und zu allem ja sagt, was ihnen in den Kopf kommt. Gibt es irgend etwas, was ich tun könnte?

Kinder entdecken irgendwann, daß nicht alle Erwachsenen gleich denken oder handeln. Es ist sogar gut für sie, wenn sie Erwachsene erleben, die zusammen glücklich sind, obwohl sie nicht in allen

Dingen übereinstimmen. Wählen Sie einen geeigneten Zeitpunkt, um mit Ihrem Mann ungestört über dieses Problem zu sprechen, am besten beim Abendessen in einem Restaurant. Weisen Sie auf Ihre unterschiedlichen Auffassungen hin. Erklären Sie ihm, daß die Kinder eine einheitliche Linie brauchen. Treffen Sie mit ihm eine Übereinkunft, die Ihrer beider Verhalten bei Frechheiten Ihrer Kinder regelt. Wenn er sich nicht an diese Abmachung hält, beginnen Sie Ihr eigenes Programm zur Unterbindung von Frechheiten. Sagen Sie Ihrem Mann, daß Sie ihm bei der Auseinandersetzung mit Unverschämtheiten helfen können, sollte er zu dem Schluß kommen, daß sie ihm auch nicht gefallen. In der Zwischenzeit fangen Sie damit an, das in diesem Buch vorgestellte Vier-Schritte-Programm durchzuziehen. Wahrscheinlich ist Ihr Mann nach kürzester Zeit so beeindruckt von dem respektvollen Benehmen, das die Kinder Ihnen gegenüber an den Tag legen, daß er das Programm selbst ausprobieren möchte. Wie andere Erwachsene auf Respektlosigkeit reagieren, braucht Sie nicht zu kümmern. Wenn keine Ihrer Bemühungen zum gewünschten Erfolg führen sollte und Ihr Ehemann sich nicht an Ihre Abmachung hält, sollten Sie vielleicht zu einer Eheberatungsstelle gehen. Wahrscheinlich haben Sie unabhängig vom Problem der Respektlosigkeit Ihrer Kinder ein anderes Problem mit Ihrer Ehe.

- Meine vierzehnjährige Tochter hat die Eigenart, mit einem höhnischen Grinsen ihren Willen durchzusetzen, und sie macht mich verrückt damit. Ihre Taktik besteht darin, uns mit Lächeln und Gelächter so zu verunsichern, daß wir uns völlig lächerlich fühlen und in der Hoffnung nachgeben, daß sie ihre Meinung über uns ändern wird. Aber bei jedem Hinweis auf ihr unverschämtes Verhalten streitet sie ab, gelacht zu haben oder mich angegrinst zu haben, und ich kann ihr natürlich nicht beweisen, daß sie sich sehr wohl so verhalten hat. Bitte helfen Sie mir!

Sie müssen überhaupt nichts beweisen. Behandeln Sie höhnisches Grinsen und Gelächter als das, was sie in Wirklichkeit sind: wortlose Unverschämtheiten. Sagen Sie Ihrer Tochter, daß ihr Verhalten Sie stört, reagieren Sie und ignorieren Sie ihre wütenden Proteste. Sie wird sagen, daß Sie an Verfolgungswahn leiden, verrückt sind, weit über die Maßen reagieren und gemein sind. Sie wird schnell lernen, daß sie bei Ihnen mit Grinsen nicht sehr weit kommt!

- Ich habe Ihr Programm mit Erfolg ausprobiert. Meine elfjährige Tochter überlegt es sich inzwischen zweimal, bevor sie frech zu mir ist. Manchmal öffnet sie bereits den Mund, um wieder einmal »Na und?« zu sagen, was immer ihre Lieblingsbemerkung war, und im letzten Moment beherrscht sie sich, weil sie weiß, was die Konsequenz sein wird. Denn wenn sie frech wird, ist es klar, daß ich sie nicht dorthin fahre, wo sie an diesem Tag unbedingt hin möchte – und sie möchte jeden Tag mindestens einmal irgendwo hingebracht werden, häufig sogar mehrmals! Mein Problem ist: Ich möchte endlich einmal von ihr hören, daß meine konsequente Haltung gewirkt hat. Und ich möchte sie daran erinnern, was die Folgen wären, wenn sie mal wieder frech sein sollte – eben auch, wenn nicht unmittelbar ein Anlaß dazu besteht. Mir gefällt diese Neigung bei mir selbst überhaupt nicht. Ist so etwas normal?

Ja, so etwas ist normal. Es gehört zu den wohl weniger erfreulichen Charakterzügen des Menschen, anderen bestimmte Dinge immer wieder vorhalten zu wollen. Man will damit seine Macht über andere demonstrieren. Aber solch ein Verhalten ist im Rahmen Ihres Programms nicht hilfreich, weil es bei Ihrer Tochter den Wunsch auslöst, es Ihnen heimzuzahlen. Sie wird sich unter diesen Umständen nicht überlegen, was die Konsequenzen ihres eigenen Fehlverhaltens wären, und eben alles zu tun, daß diese Konsequenzen gar nicht erst eintreten. Statt dessen werden Sie mit

Ihren wiederholten Vorhaltungen möglicherweise erreichen, daß Ihre Tochter Sie als Feind betrachtet, den es zu besiegen gilt. Sie wird sich gezwungen sehen, sich gegen Sie zu verteidigen. Unter Umständen wird sie sich auf andere Art und Weise schlecht benehmen, nur um Ihnen zu zeigen, daß Sie nicht so viel Einfluß auf sie ausüben, wie Sie denken.

Wir haben einen Dialog entworfen, der sich etwa so abspielen könnte, wenn Sie Ihrem Kind den Erfolg mit Ihrem Programm immer wieder vorhalten:

Mutter: Paß auf, was du sagst, junge Dame! Kannst du dich noch erinnern, was passiert ist, als du das letzte Mal »Na und?« zu mir gesagt hast? Und das Mal davor? Ich werde es genauso machen, wenn du unverschämt zu mir bist.
Tochter schweigt.
Mutter: Hast du gehört, was ich gesagt habe?
Tochter: Na und?
Mutter: Was hast du gesagt?
Tochter: Das hast du ja gehört. Und außerdem ist es mir völlig egal, ob du mich noch einmal irgendwohin fahren willst. Ich werde mich jetzt selbst darum kümmern, wie und von wem ich gefahren werde!

Es ist nicht nur besser, ohne weitere Ankündigungen und Kommentare konsequent zu sein, es ist sogar notwendig für den Erfolg der Methode. Wenn Sie Ihrem Kind mit immer neuen Worten die Konsequenzen ausmalen, so machen Sie aus Ihrer konsequenten Reaktion eine Strafe.

Bei diesem Programm geht es aber nicht darum, Strafen zu verhängen oder sich zu rächen. Es geht darum, Konsequenzen durchzusetzen, die sich logisch aus dem Verhalten Ihrer Kinder ergeben. Wir können es nicht oft genug wiederholen: Das Kind, dem klargeworden ist, daß ein Verhalten A zu einer Konsequenz B führt, wird damit anfangen, sich Gedanken darüber zu machen, wie es sein eigenes Verhalten besser kontrollieren kann. Diese Selbstkontrolle des Kindes wird zweifellos zu einem viel glücklicheren Miteinander für Eltern und Kind führen.

- Ich bin seit einiger Zeit mit einem Witwer befreundet, der Vater von vier Kindern ist. Alle sind noch auf der Universität. Sie kamen eines Tages zum Geburtstag ihres Vaters nach Hause und waren ganz begeistert, als er sie zu einem Tagesausflug einlud. Als wir am Ziel ankamen, wurde die jüngste Tochter, Ariel, allerdings ausfallend. Als ihr Vater sie bat, sich zusammenzureißen, zuckte sie nur mit den Schultern. Auf seinen Vorschlag hin, erst einmal gemeinsam frühstücken zu gehen, reagierte sie mit einer gehässigen Bemerkung. Dann sagte sie im gleichen Ton etwas zu einer ihrer Schwestern, aber wir konnten es nicht hören. Alle Kinder brachen in höhnisches Gelächter aus. »Ariel, was hast du gesagt?« fragte ihr Vater zornig.
  »Nichts«, antwortete sie mit gespielter Unschuld. »Warum hackst du so auf mir herum?« Ihr Vater ignorierte ihre Antwort und versuchte, sich so zu verhalten, als ob alles in Ordnung wäre. Aber es war eben nichts in Ordnung. Ariels Kommentare schienen die anderen Kinder zu sarkastischen Bemerkungen zu inspirieren, und sie verdarben damit die ganze Stimmung. Ihr Vater und ich mußten uns wirklich beherrschen, um unsere gute Laune nicht ganz zu verlieren. Was hätte mein Freund in dieser Situation tun sollen?

Der Vater hätte seinen Kindern sagen sollen, daß ihm diese Bemerkungen ganz und gar nicht gefielen und daß er deshalb mit Ihnen woanders hingehen werde. Und genau dies hätten Sie tun sollen. Die vier erwachsenen Kinder hätten sich selbst zu behelfen gewußt und hätten sicherlich auch den Weg nach Hause allein gefunden.

- Eine Freundin, die ich seit fünfzehn Jahren nicht gesehen hatte, schob ihre dreijährige Enkelin im Einkaufswagen durch den Supermarkt. Wir waren beide hocherfreut, einander wiederzusehen. Diese Frau berichtete, daß ihre drei Kinder nun erwachsen seien und daß alle bereits geheiratet hätten und sehr erfolgreich seien. Diese Neuigkeiten freuten mich um so mehr, als diese Menschen als Kinder immer ganz besonders höflich und respektvoll gewesen waren.
  Nachdem wir uns eine Weile unterhalten hatten, begann die kleine Enkelin, sich deutlich bemerkbar zu machen. »Los, Oma!« befahl sie mit energischer Stimme. »Ich will zu den Süßigkeiten!« Die Frau unterbrach unser Gespräch und wandte sich mit strenger Stimme an das Kind. »Ich unterhalte mich gerade!« Dann drehte sie sich wieder zu mir um und setzte das Gespräch fort, ohne auf das bettelnde Kind zu achten. Hat sie richtig gehandelt?

Ja, denn sie hat dem Drängen des Kindes nicht nachgegeben, und sie ging davon aus, daß das Kind damit ganz gut fertigwerden könnte. Die Konsequenz war, dem Kind ihre Aufmerksamkeit zu entziehen (das Mädchen allein zu lassen ist bei einem Kind in diesem Alter an einem unübersichtlichen Ort wie einem Einkaufszentrum natürlich nicht möglich). Sie war konsequent und bewies zugleich Vertrauen in die Fähigkeiten des Kindes, auch einzusehen, warum die Großmutter nun so konsequent handelte und sie nicht weiter beachtete. Kein Wunder, daß die Kinder dieser Frau sich so respektvoll anderen Menschen gegenüber benahmen!

REGISTER